# POLITIQUE A L'ÉGARD DES CONSOMMATEURS

## DANS LES PAYS DE L'OCDE

# 1993-1994

EDITION 1995

ORGANISATION DE COOPÉRATION ET DE DÉVELOPPEMENT ÉCONOMIQUES

# ORGANISATION DE COOPÉRATION ET DE DÉVELOPPEMENT ÉCONOMIQUES

En vertu de l'article 1er de la Convention signée le 14 décembre 1960, à Paris, et entrée en vigueur le 30 septembre 1961, l'Organisation de Coopération et de Développement Économiques (OCDE) a pour objectif de promouvoir des politiques visant :

— à réaliser la plus forte expansion de l'économie et de l'emploi et une progression du niveau de vie dans les pays Membres, tout en maintenant la stabilité financière, et à contribuer ainsi au développement de l'économie mondiale ;

— à contribuer à une saine expansion économique dans les pays Membres, ainsi que les pays non membres, en voie de développement économique ;

— à contribuer à l'expansion du commerce mondial sur une base multilatérale et non discriminatoire conformément aux obligations internationales.

Les pays Membres originaires de l'OCDE sont : l'Allemagne, l'Autriche, la Belgique, le Canada, le Danemark, l'Espagne, les États-Unis, la France, la Grèce, l'Irlande, l'Islande, l'Italie, le Luxembourg, la Norvège, les Pays-Bas, le Portugal, le Royaume-Uni, la Suède, la Suisse et la Turquie. Les pays suivants sont ultérieurement devenus Membres par adhésion aux dates indiquées ci-après : le Japon (28 avril 1964), la Finlande (28 janvier 1969), l'Australie (7 juin 1971), la Nouvelle-Zélande (29 mai 1973) et le Mexique (18 mai 1994). La Commission des Communautés européennes participe aux travaux de l'OCDE (article 13 de la Convention de l'OCDE).

Also available in English under the title:
CONSUMER POLICY IN OECD COUNTRIES
1993-1994

# Avant-propos

Le Comité de la politique à l'égard des consommateurs de l'OCDE examine régulièrement l'évolution de la situation dans ce domaine à partir des rapports qui lui sont soumis par les pays Membres.

Ces rapports portent sur les annnées 1993-1994 et concernent 19 pays de l'OCDE (Allemagne, Australie, Autriche, Belgique, Canada, Danemark, Espagne, États-Unis, Finlande, France, Japon, Mexique, Norvège, Nouvelle-Zélande, Pays-Bas, Portugal, Royaume-Uni, Suède, Suisse), ainsi que l'Union européenne. Ils décrivent l'évolution de la situation dans le domaine des institutions, les nouvelles lois adoptées et les amendements apportés aux réglementations existantes visant à protéger la sécurité et l'intérêt économique du consommateur, ainsi que les mesures prises en matière d'information et d'éducation des consommateurs. Les rapports sont précédés d'un résumé exposant les faits marquants et mettant en lumière les tendances nouvelles enregistrées en matière de politique et de législation, ainsi que les activités du Comité de la politique à l'égard des consommateurs de l'OCDE au cours de la période examinée.

Ces rapports sont rendus publics par chacun des gouvernements des pays de l'OCDE. Le résumé est rendu public sous la responsabilité du Secrétaire général de l'OCDE, qui a également pris la décision de publier le présent volume sous cette forme.

# Table des matières

# Principaux changements intervenus dans le domaine de la politique à l'égard des consommateurs en 1993-1994

## I. Évolution d'ordre institutionnel

Du fait que la politique de la consommation dans les pays de l'OCDE s'inscrit dans un cadre institutionnel bien établi, on n'enregistre pas de grands changements dans ce domaine. Toutefois, la tendance générale des administrations publiques à une gestion plus efficiente économiquement et moins lourde a affecté de nombreux organes chargés de cette politique dans les pays Membres. Ainsi, seulement quelques pays -- dont le Japon -- annoncent une augmentation du budget affecté à ce poste et beaucoup rapportent des réductions parfois considérables.

Ces contraintes budgétaires ne doivent pas amener à conclure que le nombre et l'importance des problèmes relatifs à la consommation ont diminué. Ce qui a changé, c'est leur nature et la façon dont on les aborde. Il existe dans la plupart des pays un noyau de problèmes de consommation "traditionnels" qui réapparaissent continuellement au cours des années. D'autres comportements, par exemple certains types de pratiques frauduleuses, déloyales ou trompeuses, sont interdits depuis longtemps et apparaissent donc moins fréquemment. En revanche, de nouveaux problèmes apparaissent, conséquence de l'évolution économique, sociale et technologique du marché, et nécessitent des approches nouvelles : la réorganisation des administrations, l'accroissement de la coopération avec les entreprises et l'intensification de l'utilisation généralisée des nouvelles technologies.

Les effets de la mondialisation et de l'intégration régionale ont beaucoup influencé les activités dans le domaine de la politique à l'égard des consommateurs. Pour de nombreux pays européens de l'OCDE -- membres anciens ou nouveaux membres de l'Union européenne ou même non membres -- l'adaptation des règles et procédures nationales à un certain nombre de grandes directives de l'UE relatives à la protection des consommateurs a été le principal objectif de cette politique au cours des deux dernières années. Cela a été évidemment le cas de l'Autriche, de la Finlande et de la Suède, mais aussi de la Suisse, pays où les directives en la matière sont intégrées dans la législation nationale afin d'éviter la création d'obstacles techniques au commerce. De même, dans le cadre de l'ALENA, le Canada, les États-Unis et le Mexique coopèrent de façon plus étroite et plus systématique.

Les pays Membres ont mis en place ou renforcé un certain nombre de commissions nationales traitant de problèmes particuliers. Ainsi, une commission sur les clauses abusives des contrats a été créée en Belgique, et en France la commission analogue existante était renforcée par l'octroi du statut d'expert auprès des tribunaux. Cette mesure devrait à la fois faciliter la tâche des juges quand ils recherchent un avis d'expert et contribuer à long terme à une application cohérente et harmonisée de la législation. La France a aussi créé un comité qui doit mettre au point un système national d'accréditation pour les examens de laboratoire et la certification. La reconnaissance mutuelle des normes a joué un grand rôle dans les questions de consommation en Australie, mais seulement au niveau des États et territoires. Si la politique appliquée précédemment dans ce pays cherchait à harmoniser toutes les normes, la loi sur la reconnaissance mutuelle de 1993 ("Mutual Recognition Act") vise à réduire au minimum les risques pour la santé publique, la sécurité et l'environnement tout en évitant la tâche parfois très lourde d'harmoniser les diverses normes et réglementations appliquées par les États et territoires.

Le meilleur exemple de l'importance croissante des technologies nouvelles dans l'exécution des politiques gouvernementales est celui des États-Unis. La réorganisation des administrations fédérales est devenu l'une des priorités dans ce pays. En conséquence, sa politique à l'égard des consommateurs a fait un usage intensif de l'informatique et de la télématique au cours de la période considérée. La Commission fédérale du commerce (Federal Trade Commission -- FTC), la Commission sur la sécurité des produits de consommation (Consumer Products Safety Commission) et le Bureau de la consommation (Office of Consumer Affairs) du Département du commerce utilisent de plus en plus ces techniques pour coordonner et accélérer la mise en application des lois et pour communiquer avec les consommateurs. Au Japon, à partir de 1995, le Centre d'information des consommateurs (JCIC) commencera à diffuser l'information aux consommateurs sur réseau informatique.

Le Mexique, qui a soumis pour la première fois un rapport sur le cadre réglementaire et institutionnel de sa politique à l'égard des consommateurs, indique que la modernisation des instruments de cette politique a constitué l'un des principaux éléments du vaste processus de changement structurel. Deux lois essentielles ont été promulguées en 1992 : la loi fédérale sur la protection des consommateurs et la loi fédérale sur la métrologie et la normalisation. La première traite principalement des aspects économiques de la protection des consommateurs (informations commerciales, clauses des contrats, règles de conduite pour les pratiques commerciales et recours). La seconde porte sur les normes de sécurité ainsi que les poids et mesures mais aussi sur les prescriptions concernant l'information et les pratiques commerciales utilisées dans la vente de biens et de services aux consommateurs. Ces règles, qu'elles soient obligatoires, sous la forme de Normes officielles mexicaines ("Normas Officiales Mexicanas"), ou volontaires, sous la forme de Normes mexicaines ("Normas Mexicanas"), jouent un rôle essentiel dans la codification de la politique à l'égard des consommateurs dans ce pays. Le ministère du Commerce et de l'Industrie (SECOFI) est le principal responsable de l'élaboration de la politique, tandis que l'Agence fédérale de protection des consommateurs (PROFECO) centre ses activités sur le contrôle de l'application -- information des consommateurs, recours et traitement des plaintes.

## II.  Protection physique (sécurité des produits)

L'un des événements les plus marquants dans le domaine de la sécurité depuis dix ans a été l'adoption de législations qui s'appliquent aux produits de consommation en général et sont suffisamment globales et souples pour permettre une intervention immédiate sur le marché et la publication d'une réglementation portant sur un produit ou processus spécifique. Avec l'adoption, dans la plupart des pays européens, de la directive de 1992 de l'UE relative à la sécurité générale des produits, ce processus est à présent achevé. Souvent, les nouveaux pays membres de l'UE l'avaient déjà entamé dans le cadre de leurs engagements au titre de l'EEE (Espace économique européen). Ils ont maintenant terminé la révision de leur législation sur la sécurité des produits pour la mettre en conformité avec les directives applicables. Pour l'instant, la Suisse est le seul pays non membre de l'UE qui, tout en ayant adopté de fait la majorité des règles de l'UE conserve un système de réglementation strictement limité à un produit.

Au Japon, la loi sur la responsabilité du fait des produits a été adoptée en juillet 1994 et entrera en vigueur en juillet 1995. A cet égard, le Japon s'est engagé à divulguer l'information sur son contenu et à organiser un système d'investigation des causes d'accidents ainsi qu'un système de résolution alternative des conflits.

L'un des effets de la modernisation des législations en la matière est l'accroissement du nombre de rappels de produits et l'augmentation lente mais régulière des plaintes pour responsabilité du fait des produits dans les pays Membres européens, bien qu'on soit encore loin du nombre de litiges de cet ordre aux États-Unis. Cette disposition, conjuguée aux prescriptions fondamentales contenues dans la législation générale, constitue une nouvelle approche de la sécurité des consommateurs. D'autre part, les pays Membres rapportent un nombre considérable de rappels de produits, décidés dans la plupart des cas sur une base volontaire, c'est-à-dire "négociée". Ces pays disposent aussi, dans la plupart des cas, du pouvoir d'ordonner le rappel. En Finlande, par exemple, la révision en 1993 de la loi sur la sécurité des produits a institué ce pouvoir d'ordonner le rappel et fait obligation aux fournisseurs qui prennent connaissance d'un risque concernant leurs produits d'en informer immédiatement les autorités de tutelle. La France a entrepris une réflexion en coopération avec les entreprises, pour l'élaboration d'un recueil des procédures de rappel pour définir les meilleurs moyens d'informer le public des problèmes de sécurité.

Le recours accru à la surveillance après-vente qu'entraînent les nouveaux modes de réglementation influence à la fois l'application au niveau national et la coopération internationale. La Finlande, par exemple, a lancé en 1993 huit projets de contrôle à l'échelle nationale. En 1994, le champ d'action de ce dispositif a augmenté encore de dix pour cent, et il concerne actuellement environ 20 pour cent des 240 municipalités. Ce pays a également commencé en 1993 la création d'un registre des dommages causés par les produits. En Espagne, les activités de contrôle ont comporté une surveillance au niveau des douanes afin de détecter les jouets qui ne sont pas conformes aux normes de sécurité.

La dimension internationale de la sécurité des produits continue de se développer dans le domaine des normes et de l'homologation. Ainsi, la Suisse, dans le désir de réduire les obstacles techniques au commerce, a entamé des discussions bilatérales avec l'UE pour un système de reconnaissance mutuelle des procédures d'essai et d'homologation. Un projet de loi concernant les obstacles techniques au commerce, qui comporte des dispositions de reconnaissance mutuelle, est actuellement soumis au Parlement suisse. Les accords de reconnaissance mutuelle similaires sont en cours de négociation entre les États-Unis et l'UE, entre le Canada et l'UE, entre l'Australie et l'UE, entre la Nouvelle-Zélande et l'EU, et entre le Japon et l'UE.

## III. Protection de l'intérêt économique du consommateur

Ici encore, le programme de la politique à l'égard des consommateurs dans de nombreux pays Membres européens a été en grande partie déterminée par l'évolution de la réglementation au niveau de l'Union. Celle-ci a porté en particulier sur les voyages à forfait, l'assurance et les services financiers, domaines dans lesquels beaucoup de pays ont commencé à adapter leur législation aux directives applicables. Dans le cas des voyages organisés, les problèmes principaux portent, comme on pouvait s'y attendre, sur la protection des sommes payées d'avance et le rapatriement en cas de faillite du voyagiste.

L'assurance et les services financiers, en particulier, ont fait l'objet d'activités de réglementation dans un grand nombre de pays Membres. Les dispositions nouvelles ou amendées portaient surtout sur l'amélioration de la protection et de la transparence. Ainsi, en Autriche, en plus de nouveaux dispositifs plus favorables aux consommateurs, les amendements de la loi sur les banques stipulent que les jeunes clients (16 à 18 ans) n'ont pas le droit de retirer plus de 5 000 schillings autrichiens par semaine des distributeurs de billets. L'Australie a impliqué le secteur privé dans la protection des intérêts des consommateurs en publiant un code de pratiques bancaires et un code de pratiques en matière d'assurance générale. En outre, elle procède actuellement à une modification de sa législation sur le crédit à la consommation. En Belgique, la loi de 1991 sur le crédit à la consommation est entrée en vigueur le 1er janvier 1993. La Finlande et la Suède ont révisé leur législation en la matière en 1993, et la Suisse en a fait autant en 1994.

Au Royaume-Uni, qui est depuis des années à la pointe de la législation sur le crédit à la consommation, l'Office de la loyauté dans le commerce (Office of Fair Trading) a continué sa campagne pour mettre fin à l'utilisation de la clause de refus pour la vente d'une assurance-crédit. Cela signifie que l'emprunteur ne devrait pas avoir à faire de démarche pour éviter de payer cette assurance. Une enquête de 1994 a montré que cette campagne avait porté ses fruits. Un progrès important dans ce domaine est le nouveau système concernant l'acquisition, par des investisseurs, de polices forfaitaires d'assurance-vie. Les nouvelles règles exigent la divulgation automatique des commissions et charges, et une information claire sur les valeurs de rachat anticipé. Le Royaume-Uni a également mis en place de nouvelles dispositions sur la publicité des commissions et charges pour la vente de produits d'assurance-vie, qui entrent en vigueur en 1995. Les consultations ont commencé sur l'instauration d'exigences analogues pour les produits autres que l'assurance-vie comme les plans d'épargne collectifs ou individuels.

On a vu apparaître depuis quelques années un problème lié à l'aspect "social" des services financiers, à savoir l'endettement des consommateurs. L'Allemagne, l'Autriche, le Finlande, la France et la Suède ont mis en place des procédures de faillite ou d'aménagement des dettes pour aider les consommateurs à régler leurs problèmes financiers d'une façon raisonnable. En Suède, la mise en oeuvre de la loi sur l'insolvabilité a été accompagnée d'une importante campagne d'information et d'éducation.

Autre conséquence de la situation économique actuelle, les organes de contrôle ont consacré une part croissante de leur travail aux offres d'emploi. En France, les directions départementales de la Direction générale de la concurrence, de la consommation et de la répression des fraudes ont été spécialement chargés du contrôle de ces annonces, et en Espagne, l'Institut national de la consommation a développé ses activités dans ce domaine.

La plupart des pays Membres continuent leur travail sur les contrats-types et les clauses abusives. L'Autriche, la Finlande, la France, le Royaume-Uni et la Suède font mention de leur activité dans ce domaine. La France signale également la "codification" du droit de la consommation. Le Code de la consommation regroupe dans un seul document les principales lois sur la protection des consommateurs.

Les technologies nouvelles contribuent à accroître l'efficience et la rapidité de réaction de l'action gouvernementale. Comme l'indique le rapport des États-Unis, de nombreuses agences fédérales ont adopté ou modernisé des systèmes télématiques pour répondre rapidement aux demandes des consommateurs et utiliser l'information fournie par ceux-ci afin d'améliorer la gestion de leurs activités. Dans le même temps, le développement de ces technologies a créé de nouveaux problèmes pour les consommateurs. Ainsi, la FTC a continué de combattre la fraude à la vente à distance. Le Congrès a chargé la FTC de définir la télé-vente frauduleuse et de la réprimer. La lutte contre la fraude elle-même a suscité de nouvelles formes de tromperie : la FTC a engagé plusieurs poursuites contre les services baptisés "centres de récupération", qui proposent de recouvrer les sommes que les consommateurs ont perdu par suite d'autres escroqueries. D'autre part, les nouvelles formes de fraude à la consommation ont donné lieu à une coopération plus étroite entre les organes de contrôle, et il en est résulté un certain nombre d'actions communes. Pour s'attaquer à la fraude transfrontière, les responsables de la FTC et les autorités canadiennes ont organisé une conférence commune à Ottawa.

Au niveau international, la coopération entre autorités de contrôle s'est intensifiée dans le cadre du réseau sur les pratiques commerciales, système informel d'échange d'informations. Depuis 1992, ce réseau, qui rassemble les organes de protection des consommateurs de tous les pays de l'OCDE, se réunit chaque année.

## IV.  Information et éducation du consommateur

L'information et l'éducation des consommateurs constituent un objectif essentiel de la politique en la matière. Elles accroissent la transparence des marchés, facilitent la prise de décisions rationnelles d'achat et influencent le comportement des consommateurs à long terme. Dans ces deux activités, les pays Membres disposent d'un ensemble d'instruments éprouvés, notamment l'étiquetage des produits, les essais comparatifs et les activités générales d'information et d'éducation dans le cadre du système scolaire et en dehors. Dans tous ces domaines, les pays Membres ont poursuivi leurs activités.

Le système d'information dans les pays nordiques se caractérise par la place importante qu'il donne au réseau décentralisé de services de conseil en contact direct avec les consommateurs. En Finlande, pratiquement toutes les municipalités ont un dispositif de conseils aux consommateurs, et en Suède 235 municipalités sur 288 ont un centre de ce type. Ce dernier pays, où les demandes de consommateurs ont atteint en 1994 un chiffre de 220 000, signale également qu'une proportion croissante des consultations -- 40 pour cent en 1994 -- porte sur le budget des ménages. En Allemagne, les 16 Centres d'information des consommateurs exerçant leurs activités dans les "Länder" comptent actuellement 300 bureaux locaux de conseil.

L'étiquetage précisant le "pays d'origine" pose un problème intéressant, et délicat, dans une économie mondialisée. L'Australie signale certaines préoccupations manifestées par les consommateurs qui désirent des produits australiens clairement identifiés comme tels. La Commission fédérale de la consommation (Federal Bureau of Consumer Affairs) de ce pays, après consultation avec toutes les parties concernées, a élaboré ce système d'étiquetage et un projet de loi qui est encore devant le Parlement. Ce projet n'impose aucune obligation d'étiquetage, mais si l'étiquette indique l'origine, elle ne devra utiliser que les termes précisés par la loi. Un autre problème qui figure au programme d'un certain nombre de pays Membres est celui de l'étiquetage des produits alimentaires. Les États-Unis ont entrepris une vaste réforme de la législation dans ce domaine, en particulier quant à l'utilisation de l'argument de santé dans l'étiquetage et la publicité des produits alimentaires. Au Japon, les réglementations sur l'étiquetage de la date des produits ont été révisées dans le but de fournir une information appropriée au consommateurs et de promouvoir l'harmonisation internationale.

## V.    Mécanismes de recours et de réclamation

La lenteur et la lourdeur des procédures judiciaires sont des caractéristiques communes à la plupart des pays Membres. La création d'un système efficient et accessible de réclamation et de recours a donc constitué l'un des principaux objectifs des responsables de la politique de la consommation ces dernières années. Aucune solution idéale n'est apparue, bien que les organismes concernés aient essayé un grand nombre de méthodes, souvent avec la coopération du monde des entreprises.

Les pays ont de plus en plus recours à des conseils d'arbitrage et à des "ombudsman" spécialisés dans une branche d'activité. Ainsi, l'Australie a créé un "ombudsman" des télécommunications en 1993 ; elle a révisé le système de plaintes dans le secteur de l'assurance et un tribunal des plaintes pour l'assurance par capitalisation a été créé en 1993. Des dispositifs similaires portant sur les banques, les caisses d'épargne et les compagnies d'assurance ont été mis en place en Belgique. En Nouvelle-Zélande, où le terme "ombudsman" a été surtout utilisé dans le contexte des activités des administrations, des entreprises centralisées et locales, les secteurs des banques et de l'assurance ont obtenu l'autorisation du médiateur ("ombudsman") d'utiliser ce mot pour leur mécanisme de traitement des réclamations. Par un décret pris en décembre 1994, la France a créé des commissions pour le règlement des litiges de consommation. Ces commissions seront installées à titre expérimental en 1995 dans dix départements. En Espagne, où une procédure d'arbitrage a été mise en place par un décret royal en 1993,

29 conseils d'arbitrage étaient constitués en 1993, et leur nombre total atteignait 44 en 1994.

Si les systèmes de règlement à l'amiable prennent de l'importance, certaines décisions judiciaires jouent encore un rôle considérable, non seulement dans les cas individuels, mais aussi dans la définition des grandes orientations de la politique à l'égard des consommateurs. En Autriche, par exemple, un arrêt de la Cour suprême en 1994 stipule que les clauses trompeuses ou imprécises seront interprétées dans un sens défavorable aux vendeurs pour déterminer si ces dispositions violent "les bonnes pratiques commerciales". Deux autres jugements ont conclu que la publicité par téléphone, télétexte et téléfax constitue une atteinte à la vie privée des consommateurs et doit par conséquent être interdite.

Le rapport des États-Unis donne un tableau général par type de plainte établi à partir d'une enquête portant sur 43 organismes de défense des consommateurs, au niveau du gouvernement fédéral, des États et les collectivités locales. Les plaintes les plus fréquentes concernent dans l'ordre : les ventes d'automobiles neuves ou d'occasion, les travaux d'entretien des logements, les réparations d'automobiles, la vente directe et la vente à distance. Un grand nombre de réclamations dans ces cinq domaines portent sur des fraudes, et de nombreux organismes signalaient une augmentation des plaintes concernant les travaux d'entretien des maisons et la vente à distance, y compris les "sweepstakes" et autres concours.

Pour illustrer la nécessité de renforcer la coopération internationale dans le domaine de la vente transfrontière, on peut citer le rapport de la Suisse qui mentionne les efforts accomplis pour mettre fin aux pratiques transfrontières frauduleuses d'entreprises opérant à partir de ce pays. En vertu d'un amendement à la loi fédérale sur la concurrence déloyale, la Confédération peut attaquer en justice les firmes qui utilisent des méthodes de vente susceptibles d'affecter le prestige de la Suisse à l'étranger. Même si l'application de cette disposition peut être considérée comme difficile, elle a déjà eu des répercussions au niveau des solutions extra-judiciaires et également au niveau des décisions judiciaires. Elle démontre clairement la nécessité de réfléchir aux moyens de protéger les consommateurs dans un marché mondialisé. Dans la même optique, les pays membres de l'Union Européenne travaillent sur une proposition de directive en matière de contrats négociés à distance (distant selling).

Un tableau des moyens de recours disponibles en matière de litiges de consommation dans les pays membres de l'Union européenne a été dressé par la Commission européenne dans le "Livre vert" du 16 novembre 1993 [COM(93)576 Final : "L'accès des consommateurs à la justice et le règlement des litiges de consommation dans le marché unique"]. Par ce "Livre vert", la Commission a entamé une réflexion qui, à terme et après consultation des parties intéressées, devrait conduire à l'adoption de mesures concrètes pour faciliter le règlement des litiges intra-communautaires.

## VI.  Relation entre la politique à l'égard des consommateurs et d'autres aspects de la politique gouvernementale

Il existe des liens directs évidents entre la politique à l'égard des consommateurs et les autres secteurs de l'action gouvernementale : la politique de la concurrence et celle de l'environnement en sont un bon exemple. Le lien avec d'autres domaines est moins visible, mais aussi important pour l'ensemble de la politique économique. Il s'agit en particulier de la politique commerciale et des tentatives faites dans l'ensemble de l'OCDE pour "réinventer" le gouvernement.

Les rapports avec la politique de la concurrence sont manifestes, et plusieurs pays Membres rapportent des réformes de la législation dans ce domaine. D'autre part, la plupart des pays Membres placent la politique de l'environnement en tête de la liste des domaines liés à la consommation, et c'est en fait dans ce secteur qu'apparaît le plus grand nombre de sujets d'intérêt commun : éco-étiquetage, allégations prétendument écologiques dans la publicité, programmes de gestion des déchets, etc. Le lien avec la politique commerciale apparaît particulièrement en matière de normes et de critères de sécurité relatifs aux produits, et une grande partie des efforts bilatéraux et multilatéraux sont actuellement centrés sur la lutte contre les obstacles techniques au commerce.

Un autre centre d'intérêt qui est apparu ces dernières années est celui des services en général et de ceux des administrations publiques en particulier. La politique à l'égard des consommateurs s'intéresse de plus en plus à ce secteur, et les essais comparatifs ont été souvent appliqués dans des services publics qui n'étaient jusque là pas concernés. Toutes ces tentatives d'ouverture des administrations publiques menées actuellement sont nettement, et fort heureusement, orientées en faveur des consommateurs.


## VII. Principales activités du Comité de la politique à l'égard des consommateurs

La mission et le programme de travail du Comité sont définis tous les cinq ans dans les termes du renouvellement de son mandat. Le programme actuel, qui couvre la période allant du 1er janvier 1993 au 31 décembre 1997, reste axé sur l'interaction des politiques de la consommation et du commerce, la transparence et le fonctionnement des marchés, la sécurité des consommateurs et l'examen des changements survenus dans les pays Membres. Malgré la réduction de son budget pour les années 1993-1994, le Comité a mené à bien un programme de travail équilibré et substantiel.

Le point fort de ce programme a été l'organisation de la conférence internationale "Le consommateur dans un marché international". Cent cinquante participants représentant le monde des entreprises (notamment des sociétés de vente directe, de cartes de paiement et de livraison de colis), les organismes publics de contrôle, les organisations de consommateurs et les universités, ont étudié l'état actuel, l'évolution éventuelle et les problèmes de la vente transfrontière. Cette conférence, qui a conclu que l'ouverture du marché international aurait des effets positifs sur les consommateurs, les producteurs et les prestataires de services, a également amené le Comité à envisager un certain nombre de projets concrets qui seront mis en oeuvre avec les secteurs concernés. Il s'agit de l'élaboration éventuelle de code de conduite pour la vente à distance internationale, des mécanismes de recours pour les systèmes d'achat et de paiement transfrontières, et des problèmes liés aux livraisons internationales de colis.

En octobre 1994, une table ronde intitulée "Les consommateurs et le nouvel ordre commercial mondial" a démontré le grand intérêt que les organisations de consommateurs portent au libre échange. Leurs représentants et les membres du Comité ont insisté sur la nécessité d'instaurer la consultation et la transparence dans les procédures de règlement des différends commerciaux et ont plaidé pour une application plus systématique de la liste indicative OCDE relative aux critères de validation des mesures de politique commerciale, élaborée en 1985 par le Comité, en collaboration avec le Comité du droit et de la politique de la concurrence.

L'aspect relatif au commerce international des réglementations et normes sur la sécurité des produits a été l'une des principales préoccupations du Comité pendant cette dernière décennie. Comme suite à ses travaux précédents sur les normes de sécurité, le commerce international et les consommateurs, le Comité a mis en route une étude sur les normes, les procédures d'homologation et leur reconnaissance mutuelle. Un programme d'étude détaillé pour ce projet a été élaboré en 1994, et les travaux commenceront en 1995 par un rapport préliminaire et l'organisation d'une conférence internationale sur ce sujet. Ici encore, le Comité recherche la coopération du monde des entreprises.

En outre, le Comité a continué ses activités d'échange d'informations, notamment sous la forme d'une procédure spéciale de notification dans le domaine de la sécurité des produits. A un niveau plus général, il étudie la possibilité de créer un réseau informatisé d'échange d'informations relatives d'une part à la sécurité des produits, et d'autre part, aux pratiques déloyales de vente. Avec le concours d'un certain nombre de pays "chefs de file", la réalisation concrète de ce projet commencera en 1995.

# Allemagne

## I. Évolution d'ordre institutionnel

Au cours de la période examinée, la répartition des tâches relevant de la politique à l'égard des consommateurs n'a subi que peu de changements sur le plan législatif. Le Conseil des consommateurs du ministère de l'Économie a suivi en 1993-1994 les aspects fondamentaux de la politique à l'égard des consommateurs préconisés par le gouvernement fédéral. Le Comité des consommateurs, instance indépendante auprès du ministère de l'Alimentation, de l'Agriculture et de la Sylviculture a, lui aussi, poursuivi ses activités.

Il convient de noter les modifications ci-après intervenues dans l'organisation du ministère de la Santé : le 1er juillet 1994, la *Gesundheitseinrichtungen-Neuordnungsgesetz* (nouvelle loi relative au Bureau fédéral de la santé) est entrée en vigueur. Le Bureau fédéral de la santé a été scindé en trois institutions indépendantes : l'organisme connu précédemment sous le nom d'*Institut für Wasser, Boden und Lufthygiene* (Institut de l'hygiène de l'eau, du sol et de l'air), dont les principales activités visent la protection de la santé et de l'environnement, a été incorporé dans le *Umweltbundesamt* (Bureau fédéral de l'environnement). Les trois nouvelles institutions du Bureau fédéral sur la santé sont :

-- l'Institut Robert-Koch, institut fédéral des maladies infectieuses et non transmissibles, dont les responsabilités couvrent notamment le génie génétique et l'épidémiologie ;

-- *Bundesinstitut für gesendheitlichen Verbraucherschutz und Vetetinärmedizin* (Institut fédéral pour la protection de la santé des consommateurs et la médecine vétérinaire), qui s'intéresse plus particulièrement aux questions relevant de la médecine vétérinaire et de l'alimentation ; et

-- "Bundesinstitut für Arzneimittel und Medizinprodukte" (Institut fédéral des médicaments et appareils médicaux), dont il est chargé d'assurer la sécurité (nouvelle classification).

### Fonds budgétaires

Pour la période 1993-1994, le gouvernement fédéral et les gouvernements des Länder ont débloqué les sommes ci-après pour assurer le financement des services de consultation et d'information des consommateurs :

(millions de DM)

| | Gouvernment fédéral | Gouvernments des Etats | Total |
|---|---|---|---|
| 1993 | 64.8 | 59.7 | 103.6 |
| 1994 | 61.2 | 57.2 | 118.4 |

## II.  Protection physique (sécurité des produits)

Au cours de la période 1993-1994, un certain nombre de réglementations sur la protection des consommateurs et de la sécurité de la qualité des produits alimentaires, ont été complétées et/ou modifiées. La procédure a consisté en partie à transposer le droit communautaire dans la législation nationale :

-- Dans le cadre de la lutte contre la salmonellose, des dispositions juridiques adoptées le 28 mai 1993 sur les conditions d'hygiène applicables au traitement et à la vente des oeufs de poule et des produits alimentaires contenant des oeufs crus, ainsi que sur l'étiquetage et l'utilisation des oeufs de poule dans les établissements de restauration, notamment les cantines.

-- Les modifications fondamentales de la loi sur les produits alimentaires et les biens de consommation courante (*Lebensmittel- und Bedarfsgegenständegesetz* -- LMBG), décidées à l'occasion des modifications des dispositions adoptées le 18 décembre 1992 dans le secteur de la médecine vétérinaire, de l'alimentation et de l'élevage, sont entrées en vigueur le 1er janvier 1993. Cela implique notamment que les produits en provenance d'autres pays membres de l'UE sont couverts par le LMBG et que si cette loi fait l'objet de nouvelles modifications, les produits des autres États de l'Espace économique européen qui ne sont pas conformes à certaines dispositions juridiques adoptées en Allemagne, au titre de la protection de la santé, peuvent être vendus en République fédérale d'Allemagne, après autorisation du ministère de la Santé. Cette mesure a été adoptée en conformité avec une décision pertinente de la Cour européenne de Justice.

-- La deuxième loi portant modification de la loi sur les produits alimentaires et les biens de consommation courante, en date du 25 novembre 1994, a établi les bases juridiques nécessaires pour permettre un contrôle des produits alimentaires. Ce contrôle est effectué par les administrations des Länder dans le cadre du contrôle officiel de l'alimentation.

Parmi les mesures adoptées dans le secteur de l'alimentation, il conviendrait de citer à titre d'exemple les mesures suivantes :

-- L'ordonnance sur l'identification des lots (*Los-Kennzeichnungs-Verordnung*), du 23 juin 1993, laquelle stipule que le lot dans lequel figure un produit alimentaire doit être identifiable en principe, est importante car elle permet de repérer rapidement les lots susceptibles d'être éliminés pour des motifs sanitaires et elle facilite le contrôle sur l'alimentation. Elle permet de limiter a priori les dommages qu'entraînent les retraits de produits défectueux ou les mises en garde du public, et elle permet aux consommateurs d'identifier les produits qui font l'objet de mesures de ce genre.

-- L'ordonnance portant modification du texte sur la teneur maximale autorisée d'agents protecteurs des végétaux (*Rückstandshöchstmengen-verordnung*) en date du 1er septembre 1994 qui, outre qu'elle restructure les dispositions existantes, fixe les teneurs maximales pour les résidus de pesticides sur ou dans les denrées alimentaires (transposition des directives 93/57 et 93/58 de la CEE).

A l'issue d'entretiens approfondis avec l'Association des fabricants de cigarettes, le ministère de la Santé a obtenu de la part de cette association l'engagement de réduire encore la publicité sur le tabac. Cette nouvelle auto-limitation dans cette branche d'activité est entrée en vigueur le 1er janvier 1994.

### III. Protection de l'intérêt économique du consommateur

*Loi sur le développement du marché financier*

La deuxième loi sur le développement du marché financier a été promulguée le 30 juillet 1994. Cette loi renforce la position des investisseurs privés, ceci grâce à un certain nombre d'amendements apportés à la loi sur les bourses et la nouvelle loi sur les ventes de titres, qui permettent d'accroître sensiblement la transparence des marchés et de renforcer la confiance des investisseurs en interdisant les échanges internes, en renforçant les prescriptions en matière de divulgation ainsi que les obligations d'information et de transparence dans le cas des modifications dans les droits de vote auprès des sociétés cotées en bourse.

Sont particulièrement importants pour les consommateurs les comportements qui régissent les risques de change introduits par la loi sur les ventes de titres. Ces règles font obligation aux négociants en titres de protéger avant tout les intérêts des consommateurs et de les informer lorsqu'il s'agit de problèmes importants, de façon à leur permettre d'évoluer de façon plus sûre la portée et les risques liés à leur décision d'investissement.

Enfin, la réglementation sur les prospectus de vente ont été modifiés dans le cadre de la deuxième loi sur le développement du marché financier. A l'avenir, les prospectus visant les offres de titres au public, pour lesquelles n'a pas été enregistré de demande d'admission à la cote officielle, doivent être déposés auprès du *Bundesaufsichtsamt für den Wertpapierhandel* (Bureau fédéral des opérations sur titres). Ce bureau centralise donc les preuves et compte-tenu des informations détaillées qu'il regroupe, il permet de faire connaître de façon plus efficace les infractions à la loi sur les prospectus de vente. Ces dispositions montrent l'intérêt particulier que le pays accorde à la protection des investisseurs.

*Contrôle en matière d'assurance*

Conformément à une obligation du droit communautaire, les modifications fondamentales de la loi sur le contrôle des assurances et de la loi sur les contrats des assurances ont pris effet à compter du 29 juillet 1994 ; ces modifications ont une importance considérable du point de vue des droits des consommateurs. On rappellera l'interruption du contrôle préventif des conditions d'assurance et de l'agrément des taux en matière d'assurance-vie, maladie et automobile, de même que l'adoption du principe de l'État d'accueil pour les licences d'entreprises, ainsi que celles du contrôle financier actuel. Les assurés peuvent révoquer les contrats de plus d'un an dans les 14 jours qui suivent la signature du contrat. Cette révocation peut intervenir dans les 14 jours à compter de la réception de tous les documents ayant trait au contrat. Tout assuré qui n'a pas reçu ces documents a le droit de résilier le contrat dans l'année qui suit la date du versement de la première prime.

Les assurés ont le droit de mettre fin au contrat chaque fois que le niveau des primes est majoré, à condition que cette augmentation soit liée à un changement du champ de protection. Les contrats à long terme peuvent être, en premier lieu, résiliés au bout de la cinquième année et ensuite tous les ans.

Les taux d'assurance et le calcul des primes qui tiendraient compte de la nationalité de l'assuré et/ou de son ascendance ethnique ne sont pas autorisés. Cette clause vise particulièrement l'assurance automobile. L'Office fédéral du contrôle des assurances s'est toujours rigoureusement attaqué aux abus et les a poursuivis au mieux de ses capacités.

Afin de maintenir le niveau des taux, ainsi que les clauses et conditions de l'assurance maladie privée, garantis jusque là par les pouvoirs publics par voie d'agrément, les réglementations légales minimales ont été incorporées dans la loi sur les contrats d'assurance. Pour plafonner les versements des primes effectués par les personnes âgées, un barème type a été institué pour la totalité de la branche, aux termes duquel les versements des allocations convenues par voie de contrat sont comparables par leur niveau à ceux des caisses d'assurance maladie obligatoire, et les versements des primes ne dépassent pas les sommes maximales moyennes payables aux termes des régimes obligatoires d'assurance maladie. Une enquête destinée à régler le problème fondamental de la hausse des cotisations d'assurance maladie versées par les personnes âgées au titre des systèmes d'assurance maladie privés devrait être effectuée à l'occasion d'un rapport que doit préparer une commission d'experts désignée par le Gouvernement fédéral.

Le nombre de plaintes dont a été saisi le Bureau fédéral de contrôle des assurances, à savoir 27 000 en 1994, est nettement inférieur à celui de l'année dernière.

### Voyages à forfait

Le 1er novembre 1994, est entrée en vigueur une loi faisant désormais obligation aux voyagistes de protéger leurs clients au moyen d'une assurance ou d'une garantie bancaire contre l'insolvabilité ou la faillite, lorsque ceux-ci doivent effectuer des versements à l'avance dans le cadre des contrats de voyage à forfait.

### Loi sur la faillite

Les instances législatives ont adopté une nouvelle loi sur la faillite qui entrera en vigueur le 1er janvier 1999, et qui doit permettre aux consommateurs de solder leurs engagements résiduels. Les débiteurs de bonne foi pourront profiter de ces dispositions pour autant qu'ils aient tenté du mieux qu'ils pouvaient de satisfaire leurs créanciers pendant sept ans après achèvement de la procédure de faillite.

## IV. Information et éducation du consommateur

*Information/consultation/avis aux consommateurs*

Comme les années précédentes, plusieurs organisations de consommateurs chargées plus précisément d'informer et de conseiller les consommateurs ont reçu des subventions de l'État en 1993 et 1994. En plus des organisations telles que l'*Arbeitsgemeinschaft der Verbraucherverbände* (Association des unions de consommateurs), qui a fêté son 40ème anniversaire au cours de la période examinée, et le *Stiftung Warentest* (Fondation sur les essais des produits), qui existe depuis 30 ans, il existe 16 autres centres chargés d'informer les consommateurs dans les Länder qui gèrent actuellement environ 300 bureaux locaux de consultation. Les centres et les bureaux de consultation qui opèrent depuis 1990 dans les nouveaux Länder de la fédération sont désormais en mesure d'obtenir les mêmes résultats que les centres opérant dans les Länder de l'ex République fédérale d'Allemagne, bien que le réseau des bureaux de consultation doive être encore élargi. Tous les centres d'information du consommateur ont enregistré chaque année un nombre croissant de demandes de consultations sur les questions de consommation.

Les services d'information et de consultation sur la question de nutrition, mis en place par le gouvernement fédéral, ont surtout fourni des informations sur les produits, les marchés et les prix, et ils ont donné des avis sur la manière de se nourrir et de gérer un budget familial de façon raisonnable et appropriée. Actuellement, les responsables insistent notamment sur la nécessité d'informer les consommateurs sur le génie biologique et le génie génétique dans le secteur de l'alimentation, afin de lutter contre les comportements, les risques ou contre les conséquences de mauvaises interprétations lorsqu'il s'agit de produits obtenus par génie génétique. La façon dont les consommateurs perçoivent la qualité des produits d'alimentation a été modifiée et élargie en ce sens que, outre en ce qui concerne la qualité des produits, ils semblent également intéressés par ce que l'on appelle la qualité de la fabrication, et que les valeurs morales et émotionnelles viennent s'ajouter aux aspects écologiques (par exemple protection de l'animal, production naturelle sans danger pour l'environnement).

En 1993/94, les organismes chargés d'informer et de conseiller les consommateurs dans le domaine des produits alimentaires ont reçu des subventions de l'ordre de 26 millions de DM ; la moitié de cette somme a été attribuée à l'*Auswertungs- und Informationsdienst für Ernährung, Landwirtschaft und Forsten* -- AID (Service de publication et d'information sur la nutrition, l'agriculture et la sylviculture). Le projet intitulé MOBI ou Service de consultation et d'information sur la nutrition assuré par des équipes mobiles, projet mis en oeuvre par l'AID dans le nouveau Länder, a été repris ou poursuivi selon le cas en 1993/94 par les nouveaux centres d'information des consommateurs des nouveaux États de la fédération, car il s'est avéré être un projet intéressant. Dans le cadre du projet de l'AID intitulé "Perfectionnement des équipes de formateurs", le personnel spécialisé dans les questions de nutrition et de restauration, les représentants des groupements professionnels s'intéressant aux questions de nutrition, ainsi que les médias, ont pu bénéficier d'enseignements approfondis lors de séminaires.

Afin d'informer davantage les consommateurs sur les possibilités techniques et les motifs économiques de sauvegarder et d'utiliser l'énergie de façon rationnelle, le gouvernement fédéral a continué au cours de la période examinée de prendre des mesures destinées à favoriser la consommation d'énergie.

### *Éducation des consommateurs*

Le *Stiftung Verbraucherinstitut* de Berlin, qui est totalement financé par le gouvernement fédéral, a mis au point une documentation de base sur l'éducation des consommateurs dans les écoles et a organisé en 1993/94 des séminaires de perfectionnement à l'intention des conseillers, des consommateurs et des équipes de formateurs.

### *Étiquetage*

Afin de lutter contre les déficits endémiques d'iode de la population allemande, les prescriptions d'étiquetage concernant les produits, notamment le sel iodé, ont été modifiées. Dorénavant, les produits d'alimentation emballés devront simplement mentionner la présence de sel iodé dans la liste des ingrédients. Il n'est pas nécessaire d'apposer une étiquette sur les produits vendus sans emballage lorsqu'ils contiennent du sel iodé.

## V. Mécanismes de recours et de réclamations

Au cours de la période examinée, la "Verbraucherschutzverein" (Association de protection des consommateurs) a engagé des poursuites contre un grand nombre de pratiques concurrentielles déloyales. En ce qui concerne les clauses générales des contrats, elle a centré ses activités sur les clauses et conditions applicables à la vente des véhicules neufs, qui viennent s'ajouter aux réglementations portant application du droit des assurances et du droit bancaire. Pour rentabiliser les nombreuses années d'expérience acquises par la Verbraucherschutzverein, un représentant de cet organisme est intervenu en qualité d'expert dans les réunions internationales de contrôle de la commercialisation depuis que ce réseau a été créé en octobre 1992.

Les associations bancaires privées et les banques publiques d'épargne ont mis en place un médiateur qui sert d'arbitre lorsqu'il s'agit de régler hors tribunaux les litiges entre les établissements bancaires et leur clientèle.

## VI. Politique à l'égard des consommateurs et autres aspects de la politique gouvernementale

### *Politique familiale*

L'information des consommateurs sur les problèmes d'emploi des revenus, la planification des dépenses et les risques de l'endettement n'a cessé de s'intensifier tandis que des informations continuaient à être fournies aux ménages endettés. C'est dans ce contexte qu'un certain nombre de brochures d'information sur les questions intéressant les ménages ont été rééditées. On notera également un projet de recherche sur les clauses et conditions des prêts aux jeunes ainsi que sur les effets que l'endettement peut avoir sur les personnes au tout début de leur vie et sur leur situation financière ultérieure.

L'identification des choix de vacances familiales s'est poursuivie au moyen de dispositifs ayant fait leurs preuves (catalogues et concours à l'échelle de la nation sur le thème "Des vacances en Allemagne pour les familles"). Des projets de recherche actuellement envisagés sur les conditions, les possibilités et les activités des familles durant leurs loisirs ainsi que sur les conditions du cadre social dans lequel elles s'exercent ont pour objet de mieux connaître les besoins des familles. De plus, il est question de définir des critères qui permettront de mieux cerner les possibilités de vacances pour les familles. L'Association allemande des hôtels et des établissements de restauration a publié un guide intitulé "La restauration de style familial" à l'intention des établissements de restauration et de leur personnel.

### *Politique de l'environnement*

La protection du consommateur dans le cadre de la politique d'environnement a donné lieu à l'adoption de réglementations organisant :

*Protection contre les substances dangereuses*

La deuxième loi portant modification de la loi de 1994 sur les produits chimiques a transposé les modifications fondamentales du droit communautaire qui visent à tenir compte des aspects apparus du fait des procédures d'enregistrement des substances nouvelles. En outre, au cours de la période examinée, un certain nombre d'ordonnances adoptées au titre de la loi sur les produits chimiques ont été allégées et révisées.

Conformément à l'ordonnance qui interdit les CFC et les halons, les substances en cause ne peuvent plus être utilisées comme agents réfrigérants dans les usines mobiles de réfrigération à grande échelle depuis le 1er janvier 1994. Après cette date, et à compter du 1er janvier 1995, les CFC ne seront autorisés comme agents réfrigérants que pour les réfrigérateurs familiaux, les systèmes de ventilation des voitures et les matériaux d'isolation. Toutefois, dès le premier trimestre de 1994, les CFC totalement halogénés ont été abandonnés volontairement par la branche d'activité correspondante.

*Protection de l'eau*

Les modifications apportées à la loi sur les redevances concernant les eaux usées sont destinées à lutter notamment contre la hausse des coûts de l'élimination des eaux usées, surtout dans le secteur des ménages.

*Réduction, récupération et prévention de la production des déchets*

La loi sur la réduction, la récupération et la prévention de la production des déchets privilégie cette dernière. Ainsi, il faut éviter de produire des déchets toutes les fois que cela est possible en mettant au point et en fabriquant des produits à longue durée de vie. S'il n'est pas possible de les éviter, les déchets doivent être récupérés en vue de leur recyclage ou de leur élimination. Le recyclage et la récupération à des fins énergétiques sont en principe aussi importants dans ce contexte. Il faut choisir de préférence le traitement le moins nocif pour l'environnement. Le déversement des déchets n'est autorisé que lorsque ceux-ci ne peuvent être recyclés. L'industrie doit respecter ses obligations sous sa propre responsabilité et à ses dépens.

Depuis l'entrée en vigueur de la troisième partie de l'ordonnance sur les moyens de produire des déchets d'emballage, fabricants et distributeurs d'emballages sont tenus de les reprendre après la vente des produits soit dans le magasin même, soit à proximité, et de les déposer pour recyclage en dehors des systèmes publics d'élimination des déchets

*Allemagne*

### *Informations sur l'environnement et la consommation*

Au cours de la période examinée, les informations fournies aux consommateurs concernant l'environnement ont surtout porté sur la protection des espèces et les systèmes de consommation peu polluants.

Le label écologique ("l'ange bleu") a été accordé à divers groupes de produits. Au cours de la période examinée, un certain nombre de critères ont été adoptés pour l'octroi du label écologique communautaire.

Par ailleurs, divers projets portant sur l'information en matière d'environnement ont été également menés à bien au cours de la période examinée.

# Australie

## I. Évolution d'ordre institutionnel

### Conseil ministériel pour les questions de consommation (MCCA)

En juillet 1993, le Comité permanent des ministres de la Consommation (SCOCAM) est devenu le Conseil ministériel pour les questions de consommation (MCCA), et un comité logistique, le Comité permanent des responsables des questions de consommation (SCOCA), a été créé. Le MCCA réunit les ministres chargés des questions de consommation de la Fédération, des États, des Territoires et de la Nouvelle-Zélande. Il s'occupe des problèmes de consommation et des pratiques commerciales revêtant une importance stratégique nationale et a pour mission de mettre au point, en tant que de besoin, une politique cohérente dans le cadre d'un Programme stratégique national. C'est également dans le cadre du MCCA que les ministres peuvent procéder à des échanges d'information.

Le Programme national pour les questions de consommation facilite et encourage :

-- la coordination de l'élaboration et de la mise en oeuvre des mesures prises par l'ensemble des administrations, de façon à assurer à tous les consommateurs australiens une protection qui soit la plus efficace et la plus cohérente possible ;

-- la cohérence des mesures applicables aux fournisseurs de biens et services sur le marché national ;

-- la cohérence, au niveau national, des principaux éléments de la réglementation en matière de protection des consommateurs ;

-- l'égalité d'accès à l'éducation et à l'information pour tous les consommateurs australiens ; et

-- la coopération et les consultations entre l'Australie et la Nouvelle-Zélande pour la mise au point de la politique à l'égard des consommateurs.

### Le Conseil australien des consommateurs (ACC)

Le Conseil australien des consommateurs (ACC) est entré en activité en février 1993. Remplaçant le Conseil consultatif national pour les questions de consommation, il a pour fonction de conseiller le ministre chargé des questions de consommation en vue de définir et de promouvoir des stratégies à même d'améliorer la position des consommateurs dès à présent et dans l'avenir. Il a reçu pour mandat d'identifier les nouveaux problèmes de consommation se rattachant en particulier à l'innovation technologique et de rendre des avis à ce sujet, d'examiner les évolutions internationales et leur incidence sur la politique de la consommation et les modes de consommation en Australie et de conseiller le ministre dans ce domaine et, enfin, de rendre des avis en ce qui concerne les mécanismes de nature à faire participer les consommateurs à l'élaboration de la politique de consommation.

## II.  Protection physique (sécurité des produits)

### Reconnaissance mutuelle des normes

En Australie, les États et Territoires sont compétents en matière d'agrément ou d'enregistrement pour la plupart des activités professionnelles et pour la plupart des biens et services. Avec le temps, les différences entre les réglementations applicables dans les différentes subdivisions territoriales ont créé des obstacles à la libre circulation des biens et du personnel qualifié en Australie, avec tous les effets nocifs qu'ils peuvent avoir du point de vue de l'efficience et de la compétitivité internationale des entreprises australiennes.

La méthode traditionnellement utilisée pour éliminer les obstacles de nature réglementaire est la mise au point de normes nationales uniformes. Cette action n'a pu être menée que lentement et difficilement. L'élaboration de normes nationales uniformes pour les produits alimentaires et la création de l'Autorité nationale pour les produits alimentaires ont nécessité plusieurs décennies de négociations entre les États et Territoires. Les avantages de la reconnaissance mutuelle se sont fait sentir de plus en plus nettement. En octobre 1990, les Chefs de gouvernement australiens ont pris la décision de principe d'introduire un mécanisme de reconnaissance mutuelle des réglementations et normes se rapportant à la vente de biens et à l'agrément d'activités professionnelles.

Le 17 février 1993 a été promulguée une loi fédérale, la loi de 1992 concernant la reconnaissance mutuelle, qui est entrée en vigueur le 1er mars 1993. Cette loi mettait en oeuvre l'accord de reconnaissance mutuelle signé par les Chefs de gouvernement australiens en mai 1992. Tous les États et Territoires ont adopté les textes nécessaires pour participer à ce mécanisme, à l'exception de l'Australie occidentale, qui s'est engagée à le faire dans un proche avenir.

Les réglementations édictées dans le cadre de la reconnaissance mutuelle pour les biens et les activités professionnelles visent généralement à réduire les risques pour la santé publique, la sécurité publique et l'environnement. La coopération qui en est résultée entre les autorités des États et Territoires compétentes en matière de santé et de sécurité a permis d'obtenir un niveau d'harmonisation qui n'avait pu être réalisé précédemment dans ce secteur.

## III. Protection de l'intérêt économique du consommateur

### Code de pratiques bancaires

En octobre 1993, l'Association des banquiers australiens a annoncé la publication d'un code de pratiques bancaires. Des codes assez similaires ont suivi pour les mutuelles d'épargne-logement et les unions de crédit. L'objectif de ces codes est la divulgation en temps utile d'informations de meilleure qualité et plus compréhensibles, la mise en place de procédures internes et externes de règlement des différends et l'instauration de mécanismes de suivi permettant de dresser un bilan de l'application des codes. Ceux-ci ont été établis en consultation avec les autorités fédérales.

### Code de pratiques pour les assurances générales

En décembre 1994, le Conseil australien des assurances a annoncé la publication d'un code de pratiques à l'intention des sociétés d'assurances générales (non-vie). Ce code améliore la divulgation d'informations sur les produits d'assurance en cause et a également pour but de simplifier le libellé des clauses des contrats, de façon qu'il soit compréhensible par tous, et d'améliorer la formation des intermédiaires.

### Réforme de la réglementation du crédit

En septembre 1991, un projet de loi sur le crédit a été présenté pour commentaires par le public. Après de larges consultations, un projet de loi a été soumis au Parlement du Queensland, qui l'a adopté en septembre 1994. Il est prévu une protection uniforme et complète des emprunteurs, quels que soient le montant emprunté, l'État ou territoire où a eu lieu l'opération et l'institution financière concernée.

### Politique nationale de la concurrence

Les gouvernements de la Fédération, des États et des Territoires ont procédé à un vaste réexamen de la politique nationale de la concurrence et sont sur le point d'adopter les réformes jugées nécessaires à l'issue de ce réexamen. Seront soumises au droit commun de la concurrence certaines activités des entreprises commerciales des États et Territoires qui y échappaient. Il en sera de même pour les commerçants en situation d'exclusivité, y compris dans le domaine des activités professionnelles. Les consommateurs devraient bénéficier d'une intensification de la concurrence qui fera baisser les prix et élargira l'éventail des choix. Il sera créé une Commission australienne pour la concurrence et la consommation, chargée de la mise en oeuvre des réglementations concernant la protection des consommateurs.

## IV. Information et éducation du consommateur

### Étiquetage

Depuis quelques années, les problèmes se multiplient en ce qui concerne la véracité de l'indication du pays d'origine des marchandises. Les consommateurs souhaitaient un nouveau système identifiant clairement les produits australiens. Le Bureau fédéral des questions de consommation a mis au point un système d'étiquetage visant à permettre aux consommateurs australiens d'identifier plus facilement les produits australiens et à faciliter aux producteurs australiens la promotion des produits australiens et la création d'emplois australiens.

Le Bureau a lancé un concours et une large consultation avec les consommateurs, les industriels, les producteurs de produits primaires, les détaillants et d'autres groupes d'intérêt. Il a ensuite mis au point un système d'étiquetage qui a été approuvé par le gouvernement. Un projet de loi modifiant la loi sur les pratiques commerciales (étiquetage de l'origine) a été soumis au Parlement en 1994. Il est actuellement encore à l'examen.

Ce texte n'oblige pas les producteurs à donner les informations sur l'origine du produit, mais s'ils invoquent d'une façon ou d'une autre l'origine australienne d'un produit, soit délibérément, soit parce qu'ils y sont tenus en droit, ils devront respecter les conditions prévues. Après avoir été soumis au Parlement, ce projet de loi a rencontré l'opposition du Conseil australien des syndicats australiens (ACTU) et d'une partie des organisations de défense des consommateurs et des industriels de l'alimentation, qui estiment que l'étiquetage des produits alimentaires devrait être plus clair et plus complet.

La question de l'étiquetage de l'origine des produits alimentaires sera portée devant l'Autorité nationale pour les produits alimentaires (NFA), qui réactivera la proposition qu'elle avait formulée précédemment en vue de mettre au point un projet de normes concernant l'étiquetage du pays d'origine pour les produits alimentaires et fera des recommandations aux ministres de la Santé de la Fédération, des États et Territoires via le Conseil national pour les normes alimentaires.

La NFA lancera une nouvelle consultation publique sur l'étiquetage de l'origine.

## *Moyens audiovisuels, autres activités d'information et éducation des consommateurs*

La Direction des communications et de l'éducation du Bureau fédéral des questions de consommation a pris plusieurs grandes initiatives dans le domaine des médias, de l'éducation des consommateurs et des autres activités d'information. On citera en particulier :

-- quatre vidéos de cinq minutes destinées aux consommateurs aborigènes concernant leurs droits, des contrats, des voitures d'occasion et autres biens, réalisées par l'Association centrale aborigène australienne pour les médias, en coopération avec les services de la consommation de l'Australie méridionale, à l'occasion de l'Année internationale des Peuples indigènes ;

-- l'anglais au travail ("English at work"), vidéo destinée aux consommateurs et mettant l'accent sur les droits et obligations des groupes ethniques, réalisée à l'origine en grec et disponible en six langues. Cette production s'insère dans la série "L'anglais sur le lieu de travail" du Service spécial de radiodiffusion/télévision et est utilisée comme outil de travail par les services d'éducation des migrants adultes ;

-- la réalisation du Projet national d'éducation à la consommation à l'école primaire, dans lequel le gouvernement australien joue un rôle pilote. Une série télévisée en quatre parties et un manuel destiné aux enseignants ont été coproduits avec la chaîne de télévision Australian Broadcoasting Corporation (ABC) ;

-- l'organisation et le financement d'une série d'émissions éducatives de quatre minutes pour le Service spécial de radiodiffusion/télévision (série

31

"Pour votre information"). Ces émissions destinées aux non-anglophones illustrent les questions de loyauté commerciale ainsi que les droits et obligations des consommateurs ;

-- un programme pilote pour les séminaires d'éducation des consommateurs, destiné aux aborigènes de Nouvelle-Galles du Sud, en collaboration avec le ministère de la Consommation de cet État ;

-- les récompenses Syd Einfeld "Consommateur actif", attribuées aux consommateurs qui ont oeuvré à la protection des consommateurs et à la sensibilisation de l'opinion ;

-- les activités se rattachant à la Journée mondiale des droits des consommateurs, notamment le Ruby Hutchinson Memorial Address ; et

-- une série permanente de publications concernant les questions de consommation, notamment "Consumer Power", "Minder", "the South Pacific Report", "On the Death of a Partner" et "A Parent's Guide to Kidsafe Cars".

Le Bureau entretient en outre des liens étroits avec les médias, les porte-parole du ministère et du Bureau étant appelés à commenter les divers problèmes de consommation.

### Le Programme de protection des consommateurs pour le Pacifique Sud (SPCPP)

Le Programme de protection des consommateurs pour le Pacifique Sud a été mis en place en 1990 pour aider les pays de cette sous-région à mettre au point des programmes de protection des consommateurs. L'État australien, par le biais du Bureau fédéral chargé des questions de consommation, finance ce programme à hauteur de 50 000 dollars australiens par an. Cette action suscite un grand intérêt de la part d'autres pays en développement et sert également de modèle pour les programmes d'éducation des consommateurs aborigènes en Australie. En 1994, le ministre de la Consommation a approuvé une dotation supplémentaire de 30 000 dollars australiens en faveur des programmes d'éducation et de formation.

### V. Mécanismes de recours et de réclamation

#### Médiateur pour le secteur des télécommunications

En décembre 1993, le Médiateur australien pour le secteur des télécommunications (TIO) est entré en activité. Sa mise en place résulte d'une disposition législative obligeant le secteur des télécommunications à instaurer un mécanisme externe de réclamation peu onéreux au profit des consommateurs et des petites entreprises.

### *Mécanisme de réclamation pour le secteur des assurances*

Les dispositifs de réclamation pour l'assurance-vie et les assurances générales ont été réexaminés en 1993. A l'issue de réexamen, le dispositif pour les assurances générales a été élargi ; il couvre désormais les petites entreprises, un Arbitre pour les fraudes a été mis en place et l'organe directeur a été intégré au dispositif. Dans le secteur de l'assurance-vie, des groupes d'experts médicaux ont été créés pour les réclamations concernant l'interprétation de dossiers médicaux ; l'intégration de l'organe directeur est également en cours.

### *Le Tribunal pour les réclamations en matière de retraites*

Le Tribunal pour les réclamations en matière de retraites a été créé en vertu de la loi de 1993 sur les retraites (règlement des différends). Il est entré en activité le 1er juillet 1994 et a pour mission d'assurer le plus rapidement et le plus efficacement possible le règlement des différends entre les adhérents des caisses de retraite et les organismes de gestion.

### *Loi sur les pratiques commerciales*

En décembre 1992, l'Honorable Michael Duffy, membre du Parlement et alors Attorney général, a saisi la Commission de réforme du droit en lui demandant d'étudier des mécanismes susceptibles d'améliorer le respect de la loi sur les pratiques commerciales. La Commission a soumis son rapport au Parlement en juin 1994. Le Gouvernement élabore actuellement sa réponse aux recommandations formulées dans le rapport.

## VI. Relation entre la politique à l'égard des consommateurs et les autres aspects de la politique gouvernementale

### *Représentation des consommateurs*

En octobre 1993, le Gouvernement fédéral a entrepris une étude de la représentation des consommateurs au niveau de la prise de décision des collectivités publiques. Toutes les administrations ont été invitées à fournir tous renseignements utiles sur la représentation des consommateurs au sein des organismes qui prennent des décisions ayant une incidence sur les consommateurs. Cette enquête est en voie de dépouillement. Le but est de définir des priorités pour améliorer la représentation des consommateurs, de façon à obtenir de la part des collectivités publiques des décisions de meilleure qualité.

### Étiquetage énergétique

Un dispositif d'étiquetage énergétique est en place en Australie depuis un certain temps pour les appareils électriques. L'étiquetage énergétique n'est pas toujours obligatoire, le régime applicable étant variable selon l'État ou le Territoire et selon la nature de l'appareil, mais la plupart des appareils en sont généralement pourvus. Il existe dans la plupart des États et Territoires des centres d'information sur l'énergie. Cet étiquetage a été étendu récemment aux appareils à gaz et il sera également appliqué à la consommation d'eau.

### La politique commerciale dans le cadre de la coopération économique Asie-Pacifique (APEC) et les consommateurs

Lors de la réunion de novembre 1994 de l'APEC, qui s'est tenue à Bogor en Indonésie, les responsables de l'APEC ont signé la Dclaration de Bogor, par laquelle les pays membres s'engagent à instaurer un régime de libre-échange dans la région en 2010 pour les économies développées et en 2020 pour les économies en développement. De par cet engagement, l'APEC est aujourd'hui bien plus qu'un forum pour la mise au point des politiques. Les consommateurs peuvent ainsi constater que l'APEC s'est engagée à réaliser de réels progrès en mettant en oeuvre une politique commerciale multilatérale destinée à concrétiser la déclaration de Bogor.

L'APEC devra notamment oeuvrer à faciliter les échanges, les économies membres définissant des stratégies de réduction des entraves techniques aux échanges dans des domaines comme les normes de sécurité des produits de consommation et l'évaluation de la conformité. Déterminants pour le consommateur, ces travaux ont d'ores et déjà un impact sur le niveau de sécurité découlant des normes nationales et ils soulèvent d'importantes questions sur le plan de la souveraineté nationale et de l'action que peuvent mener les gouvernements pour protéger la santé, la sécurité et la qualité de l'environnement des populations en régime de libre-échange.

# Autriche

## I. Évolution d'ordre institutionnel

Ces dernières années, ce sont l'adhésion à l'Union européenne et l'adaptation corrélative des réglementations nationales qui ont joué un rôle prédominant dans l'évolution de la politique à l'égard des consommateurs. L'objectif principal a été de préserver le niveau élevé de protection des consommateurs et de l'améliorer le cas échéant conformément aux directives européennes dans ce domaine.

Sinon, les modifications institutionnelles ont été mineures. Depuis les élections générales d'octobre 1994, le ministère compétent est dénommé le ministère fédéral de la Santé et de la Protection des Consommateurs.

## II. Protection physique (sécurité des produits)

### Dispositions obligatoires

La nouvelle loi sur la sécurité des produits, entrée en vigueur au début de 1995 (Journal officiel fédéral N° 63/1995), vise principalement à faciliter la mise en oeuvre des réglementations par certaines instances administratives régionales. Cette loi transpose en fait la directive 92/59/CEE sur la sécurité des produits.

### Mesures correctives

Un certain nombre de retraits de produits ont été recommandés et exécutés pour plusieurs biens de consommation, notamment des lave-vaisselle, des bicyclettes et des bougies. Des recherches sur la sécurité des produits ont été réalisées dans les domaines suivants : les émissions de formaldéhyde (meubles), la sécurité des bicyclettes et la sécurité des jouets. En septembre 1994, le ministère a organisé une Conférence européenne consacrée à la définition de priorités pour la prévention des accidents.

### III. Protection de l'intérêt économique du consommateur

L'une des principales réglementations introduites durant la période sous-revue est la nouvelle loi de 1993 sur la faillite, qui instaure une procédure de faillite pour les débiteurs non commerciaux et prend mieux en compte le surendettement. Des commissions d'arbitrage en matière d'endettement aideront les débiteurs à obtenir un règlement amiable et conseilleront les consommateurs en cas d'instance judiciaire.

Comme on l'a indiqué plus haut, un grand nombre de réglementations et de modifications des réglementations ont eu pour but d'adapter la réglementation autrichienne au droit communautaire. On citera notamment le règlement concernant l'étiquetage des produits alimentaires et le règlement relatif à la sécurité des jouets. La directive communautaire concernant les voyages organisés a été transposée en droit autrichien en introduisant une partie de ses dispositions dans la loi sur la protection des consommateurs et d'autres dispositions dans un règlement particulier concernant les activités des agences de voyage.

La loi bancaire a été en outre modifiée. Elle précise désormais que les jeunes clients (16 à 18 ans) ne peuvent retirer plus de 5 000 schillings autrichiens par semaine dans les distributeurs automatiques de billets. La loi sur les contrats d'assurance comporte aujourd'hui des dispositions plus favorables pour le consommateur : les conditions générales sont plus claires, un délai de réflexion de deux semaines a été instauré, l'annulation est possible après trois ans et une action collective peut être engagée par des organismes de défense des consommateurs, cette action se substituant au contrôle préliminaire des conditions types par l'Autorité publique de surveillance financière.

Le Code de commerce a été modifié sur certains points importants (divers régimes de licence obligatoire ont été libéralisés). Il en a été de même pour la loi sur la concurrence (abrogation de la loi sur les rabais). En ce qui concerne la réglementation des prix, un grand nombre de consommateurs restent attachés à la notion de prix "locaux habituels" et de prix "fixés officiellement" pour les biens et services répondant à des besoins "essentiels". La disposition en vertu de laquelle tout consommateur pouvait signaler à l'administration locale, à la police ou à la gendarmerie un prix jugé excessif a été abrogée. La surveillance des prix n'incombe plus désormais à la police ou à la gendarmerie, mais aux instances administratives locales. D'autres modifications ont été apportées dans le domaine de l'étiquetage (certains règlements qui n'étaient pas couverts par le droit communautaire ont été abrogés) et des heures d'ouverture des magasins.

## IV. Information et éducation du consommateur

Le ministère a publié un certain nombre de brochures consacrées notamment à l'amiante, à la publicité directe, au chauffage, à l'indication des prix, au formaldéhyde, à la responsabilité du fait des produits, à la faillite des personnes, au crédit à la consommation, à l'épargne et à l'investissement ainsi qu'à l'étiquetage et aux contrats d'assurance. L'Association pour l'information des consommateurs ("VKI -- Verein für Konsumenteninformation") a fait paraître des numéros spéciaux de sa publication *Konsument* portant sur la diététique, la protection des consommateurs en Europe et les codes E (codes européens pour les additifs).

## V. Mécanismes de recours et de réclamation

Le VKI, le ministère et la Chambre autrichienne du travail ont reçu au total plus de 30 000 demandes de renseignements émanant de consommateurs, dont un tiers concernait le logement et le droit des baux, un cinquième ayant trait au crédit et à l'assurance et le reste à des problèmes généraux (garantie, prix, etc.).

En ce qui concerne les affaires portées devant les tribunaux, 20 pour cent ont été réglées de façon informelle entre le consommateur et l'entreprise avant l'instance. Dans leur totalité, les autres affaires portées devant les tribunaux ont été jugées dans un sens confirme aux intérêts des consommateurs. Les différends concernaient :

-- une annulation (31 pour cent) ;

-- une indemnisation (25 pour cent) ;

-- une erreur (17 pour cent) ;

-- les conditions générales (17 pour cent) ; et

-- la garantie légale (dix pour cent).

Conformément à la loi sur la protection des consommateurs, l'organisation des consommateurs VKI peut intenter une action individuelle ou collective à l'encontre d'entreprises pratiquant des conditions contractuelles déloyales.

On signalera une importante décision judiciaire concernant l'évaluation générale des clauses déloyales. Dans un arrêt de la Cour suprême (OGH -- 6 Ob 551/94 du 22 septembre 1994), il a été jugé que dans le cas de clauses trompeuses l'interprétation la plus défavorable du point de vue du consommateur devait prévaloir pour déterminer si une clause doit être considérée comme contraire à l'obligation légale de "bonnes pratiques commerciales". Deux autres décisions (OLG Graz -- 6 R 227/91 du 5 mars 1992 et LGZ Vienne 40 R 341/94 du 22 août 1994) portent sur la publicité par téléphone, télétexte, télécopie, etc.;

cette publicité doit être considérée comme une intrusion dans la vie privée et est donc prohibée.

La loi sur la responsabilité du fait des produits (PHG -- Produkthaftungsgesetz) a été modifiée en conformité avec la directive de l'UE en la matière. Il y a trois ans, on pensait généralement que cette loi n'aurait guère d'importance dans la pratique. On constate néanmoins que les entreprises sont aujourd'hui de plus en plus disposées à conclure des règlements à l'amiable en cas de demande d'indemnisation de la part de personnes ayant subi des dommages du fait de produits dangereux. Les deux premières décisions de la Cour suprême portaient sur des questions de compétence. A l'heure actuelle, les tribunaux ont été saisis d'un certain nombre d'affaires concernant la responsabilité du fait des produits, et il est permis de penser que la loi sur la responsabilité du fait des produits sera dans un proche avenir appliquée plus fréquemment qu'elle ne l'a été durant ses deux premières années d'existence. De plus, les tribunaux autrichiens prendront probablement de plus en plus en compte la compétence d'autres États membres de l'UE en matière de responsabilité du fait des produits.

## VI. Relation entre la politique à l'égard des consommateurs et les autres aspects de la politique gouvernementale

Les experts de la politique de la consommation participent activement à un certain nombre de travaux importants. Dans le domaine de la politique de l'environnement, les consommateurs sont représentés au Conseil pour les étiquettes écologiques, au Conseil pour les produits chimiques et au Conseil pour les questions de conditionnement. Les consommateurs prennent part également sur certains points aux discussions qui ont trait à la politique de la santé, notamment comme membres de plusieurs des sous-groupes de la Commission autrichienne du Codex alimentarius. De plus, les consommateurs sont représentés à la Commission permanente pour les prix de l'énergie et à la Commission électrotechnique autrichienne.

## VII. Observations diverses

Le ministère a organisé ou parrainé un certain nombre de manifestations internationales, notamment la conférence des experts gouvernementaux de l'AELE sur la protection des consommateurs, qui s'est tenue les 13 et 14 décembre 1994 à Vienne, la réunion ministérielle de l'AELE, qui a eu lieu à Vienne le 19 novembre 1992, et le séminaire européen sur la qualité et la sécurité des produits alimentaires en Europe et dans le cadre d'une Union européenne élargie (16 et 17 mai 1994).

# Belgique

## I. Évolution d'ordre institutionnel

*Services administratifs*

De manière générale, le ministère des Affaires économiques est compétent en matière de politique de la consommation ; toutefois, certaines matières peuvent relever de la compétence d'autres départements fédéraux (notamment en ce qui concerne la santé et l'environnement) ou des autorités fédérées (média audiovisuels, conditions de fourniture d'eau, etc.).

Au sein du ministère des Affaires économiques, c'est l'Administration du commerce, et plus particulièrement le service "Consommation et Crédit", qui est chargé de préparer et d'appliquer la politique suivie. Les problèmes qui touchent les consommateurs étant très diversifiés, d'autres services du ministère des Affaires Économiques sont directement compétents dans des domaines particuliers (prix, concurrence, assurance, métrologie, énergie, etc.).

Le service "Consommation et Crédit" a pour tâches essentielles :

-- d'assurer la protection juridique et physique du consommateur ;

-- de collaborer à la conception et à l'élaboration de nouvelles législations et notamment à la transposition en droit belge des directives européennes et à la préparation des arrêtés d'exécution des lois ; et

-- d'informer le consommateur notamment par une assistance personnalisée, sur base de demandes individuelles.

*Conseils consultatifs*

Le Conseil de la consommation est un organe consultatif composé de représentants de tous les partenaires de la vie socio-économique (consommateurs, distributeurs et producteurs).

Depuis 1992, le Conseil de la consommation est devenu un conseil paritaire. Il est composé de 18 membres représentant les 15 organisations de consommateurs reconnues en Belgique et de 18 membres représentant les organisations représentatives de la production, de la distribution, des classes moyennes et de l'agriculture, auxquels il faut ajouter six membres compétents en matière de consommation, d'environnement et de santé publique.

Par arrêté royal du 26 novembre 1993 a été créé au sein du Conseil de la consommation un Comité des clauses abusives chargé de donner des avis ou recommandations concernant les clauses contractuelles.

Par ailleurs, la loi du 9 février 1994 relative à la sécurité des consommateurs a créé, toujours auprès du Conseil de la consommation, une Commission de la sécurité des consommateurs. Celle-ci est chargée d'émettre des avis motivés pour améliorer la prévention des risques en matière de sécurité des produits ou des services. Elle est consultée dans tous les cas préalablement à l'adoption de toute mesure de sécurité, sauf cas d'extrême urgence.

D'autres conseils consultatifs dans lesquels siègent des représentants des consommateurs exercent des compétences d'avis dans des matières qui intéressent directement ou indirectement les consommateurs (par exemple, la Commission pour la régulation des prix, la Commission des assurances, la Commission nationale de la distribution, le Comité national de l'énergie, le Conseil national de développement durable, la Commission de la concurrence, la Commission consultative en matière de denrées alimentaires, etc.).

### Centre de recherche

Le CRIOC (Centre de recherches et d'informations des organisations de consommateurs), établissement d'utilité publique fondé en 1975, est financé par une subvention du ministère des Affaires Économiques.

Formé de trois services (études, documentation et information-éducation), le CRIOC est chargé de fournir une aide technique (études et recherches de nature économique, juridique, sociologique et technique) aux organisations de consommateurs, de valoriser la fonction de consommation et de promouvoir la défense du consommateur.

## II.  Protection physique (sécurité des produits)

### Loi-cadre

La loi du 9 février 1994 relative à la sécurité des consommateurs transpose notamment en droit belge la directive européenne 92/59/CEE relative à la sécurité générale des produits. Cette loi prévoit une obligation générale de sécurité à l'égard de tous les produits et services.

Auparavant, il n'existait en Belgique que quelques réglementations verticales qui couvraient certaines grandes catégories de produits comme les denrées alimentaires, le matériel électrique et les jouets. Pour ces produits-là, en cas de problème de sécurité, les autorités concernées pouvaient prendre des mesures réglementaires. Mais pour les autres catégories de produits non couvertes par des réglementations verticales, même en cas de danger grave, les autorités ne disposaient pratiquement d'aucun moyen puisqu'il n'y avait pas d'obligation générale de sécurité en droit belge.

La loi précitée du 9 février 1994 comble ce vide juridique. Elle a en effet fixé pour les professionnels une obligation générale de sécurité, c'est-à-dire que ceux-ci ne peuvent mettre sur le marché que des produits et services non dangereux, compte tenu des conditions normales ou raisonnablement prévisibles d'utilisation.

Cette loi s'applique à tous les produits de consommation et aux services non couverts par des réglementations verticales. Elle complète également les réglementations verticales qui ne possèdaient pas de procédure d'urgence pour les cas de danger grave et immédiat.

De plus, cette loi met en place une Commission de la sécurité des consommateurs, qui regroupe tous les acteurs concernés, soit des représentants des organisations professionnelles, des représentants des organisations de consommateurs et des experts. Cette Commission constitue un lien de prévention et de concertation.

### Système EHLASS d'information sur les accidents domestiques et de loisirs

Le système communautaire d'information sur les accidents domestiques et de loisirs ("European Home and Leisure Accident Surveillance System" -- EHLASS) a été créé en 1986 pour obtenir des informations sur les accidents domestiques et de loisirs, essentiellement auprès de quatre services d'urgence hospitaliers sélectionnés en Belgique.

Le système EHLASS constitue le fondement indispensable à la définition d'une politique cohérente de sécurité des consommateurs, étant donné qu'il rend possible l'identification des secteurs nécessitant des actions prioritaires en matière de sécurité physique des consommateurs. Ainsi, en 1993 une campagne de prévention a été menée dans le domaine du bricolage et du jardinage.

### Système d'échange rapide d'informations sur les dangers découlant de l'utilisation de produits de consommation

Par le canál de ce système mis en place en 1984, lorsqu'un pays membre décide de prendre une mesure à l'égard d'un produit présentant un danger grave et immédiat, il en informe d'urgence la Commission européenne. Celle-ci en avertit les autres pays membres qui peuvent de cette manière vérifier si le produit en cause est vendu sur leur territoire et si des mesures doivent être prises au niveau national. Pour 1993 et 1994, 148 notifications ont été communiquées.

### Certification-accréditation

Le système de certification-accréditation est organisé par la loi de 1990 concernant l'accréditation des organismes de certification et de contrôle ainsi que des laboratoires d'essai.

### Protection de la santé des consommateurs

L'importante loi du 24 janvier 1977 (modifiée par la loi du 29 mars 1989) vise la protection de la santé des consommateurs en ce qui concerne plus particulièrement les denrées alimentaires et les autres produits (tels que les additifs, les objets et matières destinés à entrer en contact avec des denrées alimentaires, les détergents, les produits de nettoyage et d'entretien, le tabac, les cosmétiques, etc.).

En 1993 et 1994, des réglementations ont été prises pour les tétines, la commercialisation des ovoproduits et du charbon de bois destiné à la grillade des denrées alimentaires et dans le secteur du thé, de la bière et des produits surgelés.

Les commissions consultatives dans ce domaine sont la Commission en matière de denrées alimentaires, le Conseil supérieur d'hygiène, le Conseil de la consommation et le Conseil national de la nutrition.

### III. Protection de l'intérêt économique du consommateur

Deux législations importantes ont été adoptées dans ce domaine :

*i)* Loi du 9 mars 1993 tendant à réglementer et à contrôler les activités des entreprises de courtage matrimonial

Les principales mesures de protection du consommateur prévoient notamment l'obligation d'un contrat écrit, l'instauration d'un délai de réflexion obligatoire de sept jours ouvrables (durant lequel aucun acompte ni paiement quelconque ne peut être exigé ou accepté), l'interdiction de contrats d'une durée supérieure à un an, l'obligation du paiement du prix par échelonnement sur la durée totale du contrat et l'interdiction de la remise d'une lettre de change ou d'un billet à ordre, en garantie du paiement des engagements contractés.

*ii)* Loi du 16 février 1994 régissant les contrats d'organisation de voyages et les contrats d'intermédiaire de voyages

Les principales dispositions de protection du consommateur visent notamment la publicité et la promotion, les informations précontractuelles et contractuelles, les prix, les règles de responsabilité et les garanties financières contre les risques de faillite.

Une réglementation particulière pour la vente à distance de certains produits a été prise en 1993 dans le cadre de la loi du 14 juillet 1991 sur les pratiques du commerce et sur l'information et la protection du consommateur.

Par ailleurs, une nouvelle législation sur les soldes a été instaurée en novembre 1993.

## Crédit à la consommation

La loi du 12 juin 1991 relative au crédit à la consommation est entrée en vigueur dans sa totalité le 1er janvier 1993. Dans le cadre de cette loi, des enquêtes trimestrielles sur les taux du marché sont effectuées en vue de permettre aux pouvoirs publics de fixer des taux maxima pour les différentes formes de crédit. Les taux maxima ont été modifiés à trois reprises en 1993 et 1994.

Les prêteurs doivent remplir certaines conditions pour pouvoir être agréés et exercer leur profession, notamment soumettre à l'administration leurs contrats à un contrôle de conformité.

Les intermédiaires doivent être inscrits et sont soumis à des règles précises en matière de publicité, de rémunération, etc.

Les sanctions prévues par la loi sont variées et adaptées aux différents types d'infraction (sanctions civiles, pénales ou administratives).

## Le secteur des assurances

En matière de législation et réglementation relatives au secteur des assurances, il faut signaler l'adoption de :

*i)* La loi du 16 mars 1994 portant modification de certaines dispositions de la loi du 25 juin 1992 sur le contrat d'assurance terrestre. L'objet de cette modification est l'exclusion de certaines assurances à caractère professionnel du champ d'application de certaines dispositions de la loi de 1992.

*ii)* L'arrêté royal du 22 novembre 1994 modifiant l'arrêté royal du 22 février 1991 portant règlement général relatif au contrôle des entreprises d'assurances. Cet arrêté tend à améliorer l'information du consommateur en transposant en droit belge certaines prescriptions des troisièmes directives sur les assurances (92/49/CEE et 92/96/CEE).

## IV. Information et éducation du consommateur

L'éducation du consommateur à l'école relève de la compétence des autorités fédérées.

Au niveau national, le service info-éducation du consommateur du CRIOC a mis au point des publications et des fardes de formation destinées à l'enseignement et à la formation des adultes. Il participe à des campagnes de sensibilisation et de formation (dépliants, affiches, brochures, etc.).

## V. Mécanismes de recours et de réclamation

### Procédures extra-judiciaires

Une procédure d'arbitrage (Commission des litiges) a été créée par les consommateurs et les professionnels de trois secteurs spécifiques : agences de voyage, blanchisseries et vente de meubles.

En 1993, le ministère de la Justice et des Affaires Économiques a officiellement reconnu d'utilité publique la Commission des litiges voyages, en mettant notamment des locaux et du personnel administratif à la disposition de celle-ci.

Dans le secteur financier, certaines procédures de traitement des litiges ont été mises en place par les professionnels : "Ombudsman" de l'Association belge des banques, Commission des litiges du Groupement des banques d'épargne, Ombudsman des assurances et Ombudsman de la Bourse. Ces procédures n'aboutissent cependant pas à une décision contraignante.

En ce qui concerne certains services publics (poste, téléphone et chemins de fer), des médiateurs ont été désignés par les pouvoirs publics et peuvent recourir, à la demande des parties, à l'arbitrage.

*Autorités administratives*

L'Inspection générale économique du ministère des Affaires Économiques dispose de compétences étendues en matière d'information, prévention, constatation et poursuite des infractions aux réglementations économiques.

Depuis 1993, les agents chargés du contrôle de l'application des lois à caractère économique peuvent aussi proposer aux contrevenants le paiement d'une somme qui éteint l'action publique.

Dans le domaine des denrées alimentaires, le pouvoir d'enquête est exercé par l'Inspection des denrées alimentaires qui relève du ministère de la Santé Publique.

## VI. Relation entre la politique à l'égard des consommateurs et d'autres aspects de la politique gouvernementale

*Prix*

Le système de régulation des prix a enregistré en 1993 une modification radicale. La nouvelle réglementation a supprimé l'obligation de déclaration préalable de hausse des prix pour consacrer le principe de la libre formation des prix (sauf en ce qui concerne certains secteurs monopolistiques ou produits et services de première nécessité). Ce changement de système se fonde davantage sur la concurrence et fait l'objet d'un suivi attentif de la Commission des prix.

En 1993 et 1994, l'indice des prix à la consommation a connu une progression limitée (2.8 pour cent et 2.5 pour cent).

*Concurrence*

L'enseignement le plus marquant que l'on peut tirer des premières années d'application de la loi du 5 août 1991 sur la protection de concurrence économique est le fait que l'activité du service administratif de la concurrence (organe d'instruction dépendant du ministère des Affaires Économiques) et de la Commission de la concurrence (juridiction administrative indépendante) a été presqu'entièrement consacrée au contrôle des opérations de concentrations d'entreprises. L'analyse des pratiques restrictives de concurrence ainsi que le traitement des plaintes n'ont quasiment fait l'objet que de mesures d'instructions.

*Énergie*

La politique énergétique du pays reste axée sur la sécurité d'approvisionnement et sur la diversification géopolitique des secteurs énergétiques, tout en veillant au  respect des contraintes environnementales, notamment en matière de gaz à effet de serre ($CO_2$). Pour réaliser cette politique, les autorités publiques entendent rester directement associées aux décisions que veulent prendre les entreprises actives dans le secteur énergétique (contrats d'approvisionnement en gaz, plans d'équipement pour le secteur d'électricité, cycle de combustible nucléaire) et continuer à réguler les domaines qui concernent directement les usagers tels que les prix, les tarifs et les conditions de livraison.

### *Environnement*

La politique fédérale en matière d'environnement est orientée vers un développement durable, par l'application d'une législation de normes de produits, l'attribution d'un label écologique, la limitation et le contrôle des produits chimiques dangereux, l'application de la loi sur le transit des déchets et par l'amélioration de la surveillance des radiations ionisantes.

Un Conseil national de développement durable -- dans lequel siègent des consommateurs -- a été créé en 1993 pour notamment permettre la réalisation d'un meilleur environnement en liaison avec le développement durable.

Par ailleurs, des efforts sont faits pour soutenir les actions destinées à promouvoir les produits plus respectueux de l'environnement. Un projet de loi déposé en 1994 vise la création d'un comité d'attribution du label écologique.

Des mesures ont également été prises en matière de tarification pour économiser, rationaliser et rendre moins polluante la consommation d'énergie.

Enfin, la législation élaborée en 1993 et 1994 en matière d'écotaxes vise à changer le comportement des consommateurs en les incitant à utiliser des emballages plus respectueux de l'environnement.

# Canada

## I.  Evolution d'ordre institutionnel

Du fait de la restructuration, en juin 1993, des ministères du Gouvernement fédéral, l'ancien ministère de la Consommation et des Affaires Commerciales a été supprimé et les diverses compétences qui lui incombaient ont été attribuées à d'autres ministères. C'est ainsi que la politique à l'égard des consommateurs incombe désormais à Industrie Canada tandis que la sécurité des produits relève désormais de la responsabilité du ministère de la Santé et l'étiquetage des produits alimentaires de celle du ministère de l'Agriculture et de l'agro-alimentaire.

Le nouveau Gouvernement fédéral, élu en octobre 1993, a entrepris de réexaminer tous ses programmes. Soucieux de réduire le déficit et d'améliorer l'efficience de l'administration, il a examiné, fin 1994, des propositions visant à alléger ou à supprimer plusieurs programmes, et notamment, il a procédé à un réaménagement, entre les départements, des responsabilités concernant les affaires intéressant les consommateurs. Par ailleurs, la Direction de la politique et des services de consommation devrait être rebaptisée Bureau de la consommation et relèverait directement du Sous-ministre au ministère de l'Industrie.

En 1993 et en 1994, des réductions importantes ont été apportées au programme d'aides et de subventions par lequel le Gouvernement fédéral contribue au financement des associations de consommateurs. Les associations sont engagées à rechercher d'autres moyens de financement. Le Bureau de la consommation, dont la création est envisagée, les assistera dans cette recherche.

De nombreuses administrations provinciales ont elles aussi été réorganisées et elles ont réduit leurs services aux consommateurs. Plusieurs provinces ont remplacé les bureaux de consultation par des lignes téléphoniques interactives. Désormais, une province seulement a un Ministre chargé uniquement des affaires intéressant les consommateurs.

## II. Protection des consommateurs (sécurité des produits)

Le Bureau Sécurité des produits qui relève du ministère de la Santé est chargé de l'application de la loi sur les produits dangereux ; c'est à lui qu'il incombe d'enquêter et de gérer les risques liés aux produits dangereux qui ne sont pas couverts par une autre législation. Sa responsabilité s'étend au Système d'information sur les matières dangereuses utilisées au travail (SIMDUT) qui s'applique au secteur industriel du marché.

### *Faits importants*

*Réexamen des réglementations applicables aux produits chimiques et aux contenants*

Le réexamen des réglementations qui prescrivent l'étiquetage et les systèmes de fermeture résistant aux enfants s'est poursuivi avec la collaboration active des organismes de santé, de l'industrie, des personnes âgées et des consommateurs ainsi que d'autres services administratifs. La liste actuelle, axée sur les produits, sera remplacée par un dispositif de réglementation fondé sur les risques de façon à couvrir tous les produits chimiques dangereux pour les consommateurs et à limiter les procédures que doit engager le ministère chaque fois qu'un nouveau produit est mis sur le marché.

### *Réexamen des réglementations obsolètes*

Les responsables ont poursuivi leur examen des règlements applicables aux lits d'enfants et aux berceaux ainsi que du règlement sur les landaus et les poussettes. Les amendements apportés à ces règlements devraient être publiés dans la première partie de la Gazette du Canada en 1995. Les projets d'amendements aux règlements sur les briquets, qui devront être munis d'un dispositif de sécurité résistant aux enfants, prendront effet en 1995.

### *Approche autre que réglementaire des problèmes de sécurité*

#### *CASPAC*

Le "Conseil consultatif pour l'adaptation de l'emballage aux besoins des aînés" est une instance non gouvernementale qui relève du Directeur de la sécurité des produits et qui a pour tâche d'examiner les problèmes que les emballages posent aux consommateurs âgés. En 1993, le Conseil a reçu de Santé Canada une subvention de 436 000 dollars canadiens pour élaborer un programme d'information à l'intention des personnes âgées sur l'utilisation sans risques des emballages, ainsi qu'un programme visant à sensibiliser davantage l'industrie aux besoins des personnes âgées en matière d'emballage. Ce programme, qui a été très apprécié, prendra fin en 1995.

### Réseau "sécurité professionnelle" (SAFEPRO)

Ce Réseau, qui comprend des membres de l'industrie, des groupements de consommateurs, des organisations professionnelles et de santé ainsi que des organismes administratifs et instances responsables des normes, a été mis en place pour sensibiliser l'industrie et les consommateurs aux besoins des personnes âgées en matière de produits et faire en sorte que soient conçus des produits sûrs qui puissent être utilisés en toute sécurité.

### Kidscare

(SécurEnfants) est un programme national qui a pour objet de sensibiliser le public aux risques, et qui vise à réduire le nombre d'accidents mortels et de dommages corporels dont sont victimes les enfants de 0 à 14 ans du fait des produits. En 1993-94, SécurEnfants a organisé dans les médias canadiens une Campagne sur la sécurité des jouets ; les responsables du programme ont examiné les risques qu'encourent les enfants lorsqu'ils jouent avec des briquets et des allumettes ; ils ont publié une brochure sur la sécurité des produits chimiques à usage domestique ; ils ont distribué environ 600 000 exemplaires de leur brochure enrichie, sur le thème *Votre enfant est-il en sécurité ?* ; ils ont, enfin, participé à la production et à la distribution d'une série de 10 affiches à l'intention des pédiatres.

### Protocole d'entente avec la CPSC (Commission américaine pour la sécurité des produits de consommation)

Pour faire face à l'évolution des échanges, le PSB a signé un protocole d'entente avec son homologue américain, la CPSC. Ce texte a pour objet d'accroître la compatibilité des normes obligatoires et facultatives applicables aux Etats-Unis et au Canada en matière de sécurité des produits et d'organiser des activités communes pour réduire la charge de travail que l'application des normes entraîne pour les deux organisations.

## III. Protection des intérêts économiques des consommateurs

### *Accord sur le commerce intérieur*

Le 18 juillet 1994, les Premiers Ministres ont signé un Accord de commerce intérieur tendant à supprimer les obstacles aux échanges, aux investissements et à la mobilité sur le territoire canadien. Un groupe de représentants fédéraux et provinciaux chargés des affaires intéressant les consommateurs a négocié un chapitre de l'accord traitant des Mesures et normes applicables aux produits de consommation.

Cet accord avait pour objet de simplifier et d'harmoniser les normes et réglementations en matière de protection du consommateur, d'uniformiser davantage les mesures et les normes et de permettre aux entreprises de profiter des avantages liés à l'élargissement et l'intégration du marché sans pour autant réduire le degré de protection dont bénéficient actuellement les consommateurs dans les diverses juridictions.

On citera à titre d'exemple le chapitre qui fixe un calendrier pour l'harmonisation de certaines mesures de protection des consommateurs au regard de la législation sur la vente directe, les mentions concernant le coût du crédit et l'étiquetage, et qui définit un cadre permettant de s'appuyer sur ce processus de libéralisation des échanges pour accroître la coopération en matière de protection des consommateurs entre les provinces ainsi qu'avec le Gouvernement fédéral.

### *Code de pratique canadien des services des cartes de crédit*

Le code de pratique, négocié par l'administration, l'industrie et les organisations de consommateurs et qui vise l'emploi des cartes de crédit par le consommateur dans les GAB et les lieux de vente, est entré en application en 1992. Une étude menée en 1994 sur l'application de ce code a fait apparaître des manquements de la part d'un certain nombre d'institutions financières. Particulièrement préoccupantes sont les clauses figurant dans certains accords signés par des titulaires de cartes, clauses qui ne tiennent pas compte des dispositions du code qui définissent la responsabilité en cas de perte. Les institutions en cause ont soit remédié à ces insuffisances soit se sont engagées à le faire très prochainement. Il sera procédé à une nouvelle évaluation en 1995-96.

## IV. Information et éducation du consommateur

Depuis 1990, les écoles canadiennes dispensent avec succès à l'intention des adolescents un programme d'initiation à l'économie domestique intitulé Project Real World ("Projet Réalité") ; ce programme est désormais diffusé sur un réseau électronique, SchoolNet, qui s'étend à plus de 10 000 écoles. Les intéressés peuvent désormais accéder directement à toutes les composantes du programme.

Le Gouvernement fédéral continue de publier tous les trimestres un tableau indiquant les taux d'intérêt des cartes de crédit ainsi que des informations qui suscitent généralement des réactions positives dans les médias. On considère que ce rapport est un moyen de stimuler la concurrence entre les émetteurs de cartes de crédit et d'aider les consommateurs à choisir les cartes de crédit avec plus de discernement.

En juillet 1993, le Gouvernement fédéral a publié un ensemble de principes directeurs sur l'étiquetage et la publicité écologiques afin d'aider l'industrie à se conformer à la législation en vigueur. Sont définis certains termes tels que "réutilisable", "recyclable" et "compostable".

En 1994 ont été publiées des lignes directrices pour la vente des diamants, des pierres précieuses de couleur et des perles, et notamment les définitions correctes de certains termes généralement mal employés.

## V. Voies de recours

### *Projet pilote sur les solutions de rechange au règlement des differends*

Grâce au financement assuré par la branche "Administration de la politique à l'égard des consommateurs du ministère de l'Industrie, l'Association des consommateurs du Canada (ACC) a lancé en mai 1994 un projet pilote sur les solutions de rechange ou règlement des différends. Les principaux objectifs de ce projet en deux phases étaient de déterminer s'il était nécessaire et possible de mettre en place un service de règlement des litiges dans l'intérêt des consommateurs usagers, sans avoir recours aux tribunaux, de déterminer si un service de ce genre assuré par un groupe de consommateurs était de nature à attirer de nouveaux membres, et de rechercher dans quels types d'affaires un règlement amiable était le mieux approprié.

La phase 1, achevée en décembre 1994, a permis de mettre en place le service proposé, d'établir un réseau de volontaires chargés d'apporter leur aide pour le règlement des litiges et de traiter déjà d'un certain nombre d'affaires.

L'ACC a pu recruter un grand nombre de médiateurs et d'arbitres volontaires, et elle a assuré la liaison avec le Tribunal de l'Ontario chargé du règlement des petits litiges. Dans l'ensemble, le projet a prouvé qu'il était nécessaire et possible de mettre en place un service de règlement des litiges à l'amiable, dans lequel des tierces parties, les experts (désignés par les deux parties) effectueraient des visites sur place, par exemple pour déterminer la qualité de l'exécution des travaux de rénovation des habitations.

### Programme d'arbitrage pour les vehicules automobiles du canada (PAVAC)

PAVAC, programme lancé en 1993, est un système qui permet aux propriétaires de véhicules construits en 1991 ou à une date plus récente de régler leurs problèmes à l'amiable. C'est un programme volontaire, gratuit pour les consommateurs qui ne nécessite pas de faire appel à un avocat. Les audiences sont bien moins formelles que celles qui se déroulent devant les tribunaux de droit commun et en général, elles n'ont pas le caractère contradictoire que l'on associe aux audiences devant les tribunaux. L'arbitrage intervient au sein de la communauté à laquelle appartient le consommateur et chaque arbitrage reste confidentiel. En fait, les arbitres peuvent conduire le véhicule pour voir par eux-mêmes quelle est la nature du problème. Le Programme s'applique sur tout le territoire canadien sauf au Québec qui ne l'a pas encore entériné. Les sentences arbitrales dépassent souvent les seuils définis pour les petits litiges (ces seuils devant les tribunaux canadiens chargés de connaître des petits litiges, se situent entre 3 000 et 10 000 dollars canadiens).

PAVAC est un accord contractuel conclu entre les administrations des provinces et des territoires, les associations professionnelles intervenant tant pour les constructeurs de voitures nationaux que pour les importateurs, et l'Association des consommateurs du Canada. Il est financé uniquement par les constructeurs de voitures.

## VI. Relations entre la politique à l'égard des consommateurs et d'autres aspects de la politique gouvernementale

### Protection de la vie privée

L'Association canadienne de normalisation comprend un comité technique qui représente les secteurs privé, bénévole et public. En 1991, le comité a entrepris d'élaborer un code sur la protection de la vie privée volontaire à l'intention du secteur privé. Les travaux qui se sont poursuivis dans les années 1993-94 ont abouti à l'élaboration d'un projet de code qui prévoit des pratiques d'information loyales en matière de protection des données, d'ingérence dans la vie privée et de contrôle. Le public a formulé ses commentaires sur les 10 projets de principes et le Comité technique les réexaminera en juin 1995.

### L'autoroute de l'information

En avril 1994, un Conseil consultatif national a été créé pour aider le Gouvernement fédéral à élaborer et à mettre en oeuvre une stratégie concernant l'autoroute canadienne de l'information. Le Conseil comprend des membres représentatifs de l'industrie, de l'enseignement, de la recherche et des organisations de consommateurs, des travailleurs et d'autres parties intéressées. Conscient des conséquences économiques, culturelles et sociales de l'autoroute de l'information, le Gouvernement a proposé trois objectifs :

-- créer des emplois par l'innovation et les investissements ;

-- renforcer la souveraineté et l'identité culturelle du Canada ;

-- assurer l'accès de tous à un prix raisonnable.

Dans les travaux qu'il mène pour réaliser les objectifs fixés par le Gouvernement, le Conseil étudie 15 grandes questions, et notamment l'accès, la sécurité, la protection de la vie privée, le contenu injurieux de certaines informations, l'examen par les diverses administrations, le droit de propriété intellectuelle et l'équilibre entre la concurrence et la réglementation. Il soumettra son rapport durant l'été de 1995.

### *Biotechnologie*

Cette activité naissante est confrontée au fait que bon nombre de produits parviennent au stade où ils vont être approuvés par les instances de réglementation et commercialisés alors qu'ils suscitent des préoccupations chez les consommateurs. La première étude menée par l'administration fédérale sur les réactions du public à la biotechnologie s'est achevée en 1994 et a permis de faire le point sur le comportement et les attentes du public. Fin 1994, il a été décidé de créer un forum national réunissant des organisations (publiques, privées et bénévoles) qui organisera des consultations sur les conséquences de la biotechnologie sur la société.

### *Consumérisme*

Du fait des compressions budgétaires, les organisations de consommateurs ont dû se mettre en quête de méthodes inédites pour régler les problèmes complexes auxquels elles se trouvent désormais confrontées. Quelques organisations régionales ont fait appel à des experts. La principale organisation nationale reste l'Association des consommateurs du Canada.

### VII. Observations générales

Les Gouvernements tant aux niveaux fédéral que provincial sont en train de réévaluer leurs objectifs à long terme. Cette réévaluation a déjà eu un résultat, celui d'inciter certaines administrations à réduire sensiblement les dépenses consacrées aux affaires intéressant les consommateurs. Les secteurs public, privé et bénévole sont actuellement encouragés à s'associer pour faire en sorte que les besoins des consommateurs continuent à être pris en considération.

# Danemark

## I. Évolution d'ordre institutionnel

### Mise au point des produits et vente de services

En 1993-1994, l'Agence pour la consommation a commencé à vendre ses services à la clientèle des secteurs privé et public qui avait besoin des compétences techniques qu'elle avait acquises dans le cadre de ses activités habituelles.

### Rénovation des laboratoires

En 1994, l'Agence a entrepris d'importants travaux de rénovation du département des aqualabos. Ces travaux, qui s'achèveront en 1995, visent à accroître la capacité des laboratoires et à améliorer sensiblement la qualité des équipements d'essai.

Après la rénovation, ces équipements répondront en tous points aux normes internationales. Ces travaux sont aussi l'occasion pour les comités de normalisation internationale de revoir divers points obscurs des normes actuelles.

### Forum pour l'information en matière de nutrition

En 1994, l'Agence nationale pour l'alimentation et l'Agence pour la consommation ont créé le Forum pour l'information en matière de nutrition dont l'objectif est de coordonner les travaux pédagogiques réalisés dans ce domaine.

### Loi sur la sécurité des produits

La loi No. 364 du 18 mai 1994 sur la sécurité des produits est entrée en vigueur le 15 juin 1994. Elle met en oeuvre la directive de l'UE No. 92/59 sur la sécurité des produits. Cette loi vient compléter l'actuelle réglementation relative à la sécurité des produits et s'applique aux produits ainsi qu'aux services qui s'y rattachent. La loi sur la sécurité des produits ne couvre pas uniquement les produits mais également les services se rapportant à un produit comme la quasi-totalité des réparations. L'application de cette loi est assurée par les autorités chargées de la sécurité des produits. L'Agence pour la consommation administre la loi et coordonne son application, ce qui n'est pas fait par d'autres activités chargées de la sécurité. Les autorités compétentes doivent veiller activement au respect de cette loi et disposent pour ce faire de larges pouvoirs. Toute infraction à la loi sur la sécurité des produits est passible d'une amende. Dans certains cas, l'Agence pour la consommation peut poursuivre les contrevenants.

## II.  Protection physique (sécurité des produits)

### *Sécurité*

#### *Campagne de prévention des accidents causés par des bouilloires électriques*

Au printemps 1994, l'Agence pour la consommation s'est employée à enrayer la progression du nombre d'accidents dus à des bouilloires électriques. Ce type d'accident concerne principalement des enfants âgés de 1 à 2 ans. Il s'agit souvent d'accidents très graves, toute la partie supérieure du corps de l'enfant étant ébouillantée. En collaboration avec le Conseil national de la santé et le Fonds pour la protection de l'enfance ainsi qu'avec le concours d'experts de l'hôpital d'Hvidovre, l'Agence pour la consommation a réalisé un spot publicitaire pour la télévision fournissant des conseils sur la manière d'éviter ce type d'accident. Ce spot télévisé a été suivi d'une publication d'articles dans divers magazines à l'intention des parents, des infirmières et autres agents sanitaires. Parallèlement à cette campagne, les produits ont évolué dans le sens d'une réduction des risques. Un grand nombre de bouilloires électriques en vente aujourd'hui sur le marché sont sans fil et leur couvercle comporte un mécanisme de verrouillage. Les efforts entrepris conjointement pour lutter contre ces accidents ont donné des résultats remarquables. En 1993, 15 enfants souffrant de graves brûlures causées par des bouilloires électriques avaient été admis dans le service des grands brûlés de l'hôpital d'Hvidovre, contre quatre seulement en 1994.

#### *"Conservez votre équilibre pour échapper à l'ambulance"*

La campagne pour la prévention des accidents dus à des chutes chez les personnes âgées a été lancée en septembre 1992 sous le slogan "Conservez votre équilibre pour échapper à l'ambulance", et s'est poursuivie au printemps 1993 avec l'insertion de publicités dans divers hebdomadaires. Le groupe cible était la classe d'âge des 65 ans et plus.

Avant le lancement de la campagne en 1992, environ 400 personnes âgées ont été interrogées sur les notions qu'elles possédaient en matière de prévention de ce type d'accident. En avril 1992, un nombre équivalent de personnes âgées ont subi un entretien destiné à mesurer l'efficacité de cette campagne. Le résultat a été assez satisfaisant dans la mesure où environ une personne interrogée sur dix avait davantage connaissance de la question. Néanmoins, les réponses ont également montré que ce groupe cible n'était pas disposé à changer ses habitudes. Un nombre infime des personnes interrogées utilisait ses nouvelles connaissances pour tenter d'éviter les accidents dus à des chutes. Il n'est donc pas surprenant que la campagne n'ait pas entraîné de diminution du nombre de ces accidents.

*Application de la loi sur la sécurité des produits et de l'arrêté sur la sécurité des jouets*

Après l'entrée en vigueur de la loi, l'Agence pour la consommation s'est employée à informer les entrepreneurs et les organisations professionnelles de leurs obligations. Elle a également soumis un certain nombre de produits à des essais, à savoir les barrières d'escalier destinées à assurer la sécurité des enfants, les fermetures de fenêtres résistant aux enfants, les grilles de protection des cuisinières pour la sécurité des enfants, les bougies de sol, les rideaux et les chaises pliantes. En ce qui concerne l'arrêté sur la sécurité des jouets, l'Agence a testé 164 échantillons provenant de détaillants, de sociétés d'importation et de fabricants situés sur l'ensemble du territoire.

*Notifications de mesures prises à l'encontre de produits très dangereux*

L'Agence a reçu 15 notifications de mesures prises à l'encontre de produits susceptibles de présenter un danger grave et immédiat pour les consommateurs. Dix d'entre elles concernaient des produits électriques présentant un risque d'électrocution, des produits cosmétiques susceptibles d'entraîner de graves troubles de la vision, des jouets contenant des substances dangereuses, des briquets susceptibles de causer un incendie, des bicyclettes non conformes aux normes de sécurité, un médicament contenant une substance cicatrisante, un thé amincissant et des jeux vidéo. L'Agence pour la consommation a examiné des notifications portant sur des jouets, des bougeoirs en plastique, des bougies parfumées, des cages de buts de football et de handball, des filets de basket et des balançoires pour enfants en bas âge. Elle a adressé cinq notifications dont quatre concernaient des jouets (bobsleighs, déguisements de carnaval, masques de natation et loupes). Elle a également adressé une notification concernant un détergent liquide vendu en carton d'un litre qui pouvait facilement être pris pour une brique de lait par des enfants en bas âge et, partant, présentait des risques d'empoisonnement.

## III.  Protection de l'intérêt économique du consommateur

### *Institutions financières*

#### *Règles d'éthique applicables aux activités de conseil dans le secteur bancaire*

Le Médiateur des consommateurs, le Conseil des finances, le Conseil des consommateurs, la Chambre des métiers danoise ainsi que le Secrétariat chargé des questions de concurrence sont parvenus à un accord sur la définition de règles d'éthique applicables aux activités de conseil. Ces règles stipulent que seul l'intérêt du consommateur doit être pris en considération. L'institution financière doit informer le client des risques qu'il pourrait encourir. Tous les contrats importants doivent être consignés par écrit. Si l'institution financière a un intérêt particulier dans l'opération, elle est tenue d'en informer le client.

#### *Règles d'éthique applicables aux établissements de crédit hypothécaire*

Au cours de l'automne 1994, le Médiateur des consommateurs a engagé des négociations avec le Conseil du crédit hypothécaire et d'autres associations compétentes pour l'élaboration de règles d'éthique applicables aux établissements de prêts hypothécaires. La définition de telles règles est devenue aujourd'hui indispensable en raison de l'intensification de la concurrence dans le domaine des prêts hypothécaires, qui se traduit par l'adoption de méthodes de commercialisation de plus en plus agressives.

#### *Loi sur les cartes de paiement*

La modification à la loi sur les cartes de paiement a été adoptée en juin 1994. En vertu de cette modification, les transferts électroniques de fonds effectués non pas à l'aide d'une carte mais uniquement d'un code secret sont désormais couverts par la loi sur les cartes de paiement lorsque le système est utilisé par des particuliers. La loi régit aujourd'hui les systèmes de banque à domicile. Elle limite la responsabilité du titulaire d'une carte en cas d'abus par des personnes non autorisées et confie au Médiateur des consommateurs la surveillance du respect de ses dispositions.

*Sécurité des systèmes de cartes de paiement*

Ces dernières années, le Médiateur des consommateurs a mené plusieurs enquêtes dans divers secteurs des transactions effectuées par cartes de paiement, à titre préventif essentiellement. En 1990 et 1991, le système Dancard a fait l'objet d'une vaste enquête. Il en a été de même en 1992-93 pour la sécurité des systèmes utilisés par un certain nombre de pétroliers délivrant des cartes de paiement. En 1993-94, les efforts ont été concentrés sur la sécurité des systèmes internationaux de cartes de paiement.

*Retraits ultérieurs sur les cartes de paiement*

Il est apparu que les magasins, les hôtels, etc. qui utilisaient le téléterminal pouvaient retirer de l'argent grâce au seul numéro de carte sans devoir utiliser cette carte. Le Médiateur des consommateurs a donc engagé des négociations avec les institutions financières, qui ont débouché sur la modification de tous les terminaux des magasins, alors que ce type de retrait demeure possible dans les restaurants, les hôtels et d'autres établissements.

**Directives des pays nordiques concernant l'utilisation d'arguments écologiques pour la commercialisation**

Au second semestre de 1993, les quatre Médiateurs des pays nordiques ont entrepris de définir une attitude commune en ce qui concerne l'utilisation d'arguments écologiques pour la commercialisation. Cette initiative a conduit à l'établissement d'un ensemble de directives des pays nordiques concernant la commercialisation fondée sur des arguments écologiques.

*Exemples d'affaires concernant l'utilisation d'arguments écologiques*

En 1993, différentes affaires concernant l'utilisation d'arguments écologiques pour la commercialisation ont été soumises à l'appréciation du Médiateur des consommateurs. Ces affaires avaient trait à des questions comme l'information fournie sur la consommation d'énergie de machines à laver et de congélateurs à faible consommation d'énergie, les PC "écologiques", le label "Tex-Eco" apposé sur des textiles, le label "Four-Eco", le coton et autres plantes cultivés biologiquement ainsi que les détergents compacts.

*Danemark*

### Commercialisation de produits verts au moyen d'arguments fallacieux

Les horticulteurs ont introduit une méthode de production dénommée "production intégrée" prenant davantage en considération l'incidence de la méthode de culture sur l'environnement. Les produits ainsi obtenus devaient être lancés sous une marque de fabrique spéciale -- la marque "Environnement" -- au printemps 1995 par le biais d'une vaste campagne de commercialisation. Les associations n'ont pas été en mesure de fournir suffisamment de justificatifs pour prouver l'authenticité des propriétés écologiques alléguées. Le Médiateur des consommateurs a estimé que les preuves présentées n'étaient pas suffisantes pour pouvoir utiliser des arguments écologiques dans la commercialisation. La publicité et la marque "Environnement" induisaient en erreur et utilisaient des données inexactes et incomplètes.

### Commercialisation à échelons multiples (vente pyramidale)

En 1994, le Médiateur des consommateurs a reçu un nombre croissant de demandes d'enquêtes concernant différents procédés de commercialisation correspondant souvent à la technique de commercialisation dite à échelons multiples. Une caractéristique générale de ces procédés est la structure pyramidale de l'organisation des ventes. Les recettes obtenues proviennent d'une part de la vente de différents produits comme les parfums ou les compléments de régime et, d'autre part, d'un système de primes très complexe. Le Médiateur des consommateurs envisage pour l'heure de poursuivre les entreprises qui utilisent cette technique de commercialisation pour publicité fallacieuse et pratiques abusives.

### Publicité à la télévision

Au Danemark, tout comme dans les autres pays scandinaves, la question de savoir si la législation nationale concernant la commercialisation s'applique parallèlement à la législation du pays émetteur n'a toujours pas été élucidée. Les règles de la télévision danoise applicables à la publicité sont dans de nombreux domaines plus restrictives et plus détaillées que les règles de la directive de l'UE sur la publicité télévisée transfrontière. A la fin de 1994, un débat s'est ouvert sur la nécessité de modifier les règles danoises concernant la publicité à la télévision. On a notamment fait observer qu'il convenait de modifier ces règles de manière à ce qu'elles correspondent aux règles figurant dans la directive sur la transmission à la télévision et à la radio. Le Médiateur des consommateurs estime qu'il faut appliquer les règles plus sévèrement pour éviter d'affaiblir l'autorité des règles danoises sur la publicité à la télévision. Il juge nécessaire de rendre les règles plus strictes notamment en ce qui concerne les émissions publicitaires destinées aux enfants.

*Nouvelle loi sur les pratiques commerciales*

Le 1er octobre 1994, une nouvelle loi sur les pratiques commerciales est entrée en vigueur. Comme par le passé, la disposition générale de cette loi figure à l'article 1, lequel stipule que toute activité commerciale doit être menée selon des pratiques commerciales loyales. Il incombe au Médiateur des consommateurs de veiller au respect des dispositions de cette loi. Les dispositions du paragraphe 2 de la précédente loi concernant des pratiques commerciales déloyales et trompeuses, etc. demeurent inchangées.

*Loi sur le marquage et l'affichage des prix*

L'Agence pour la consommation a pour mission d'établir des règles couvrant divers domaines. Depuis la réforme de la législation en 1992, aucune autorité administrative n'a été désignée pour veiller au respect des dispositions de la loi sur le marquage et l'affichage des prix. La loi modificative n° 429 du 1er juin 1994 renforce les dispositions concernant l'obligation pour le détaillant d'afficher les remises spéciales accordées à une catégorie particulière de clients. La loi contraint le détaillant à indiquer les catégories de clients auxquelles s'adressent la remise ou les autres avantages, ainsi que le taux de remise maximum ou la valeur de ces autres avantages. L'Agence pour la consommation a adopté des règlements concernant l'obligation pour le détaillant d'afficher des informations sur les rabais systématiques et l'obligation pour les banques d'afficher les commissions et taux de change applicables aux opérations portant sur des devises et des actions étrangères.

## IV. Information et éducation des consommateurs

### Essais comparatifs

En 1993, l'Agence pour la consommation a publié les résultats de tests effectués en laboratoire sur des berceaux, des systèmes d'alarme pour bébés, des hottes pour cuisinières, des réfrigérateurs, des haches, etc. Un essai effectué sur des congélateurs coffres, ayant fait ressortir un écart important entre la consommation d'énergie réelle et la consommation d'énergie indiquée par la plupart des fabricants, a tout particulièrement attiré l'attention, de même que l'essai portant sur les propriétés de nettoyage et le comportement de certains détergents dans l'environnement. Les essais relatifs au comportement dans

*Danemark*

l'environnement ont été réalisés par l'Institut chargé du contrôle de la qualité de l'eau ("Vandkvalitetsinstituttet"). En 1994, l'Agence pour la consommation a publié les résultats de plus de 40 essais ayant été effectués notamment sur des couches, des vêtements imperméables, des berceaux, des escabeaux, des téléviseurs, des caméras vidéo, des lave-vaisselle automatiques, des fours, des cocottes et des détergents.

## Services de conseil

A l'initiative du Conseil d'économie domestique du Gouvernement danois, un groupe de travail a formulé sept recommandations en matière de régime alimentaire. La campagne menée sous le slogan "On ressemble à ce que l'on mange", destinée aux enfants d'âge scolaire, a été lancée en septembre 1993. Des affiches, des prospectus et des brochures à caractère pédagogique ont été adressés à toutes les écoles du Danemark.

### Budget familial (type)

Le budget familial indique les dépenses correspondant à un niveau de consommation raisonnable. On entend par niveau de consommation raisonnable le niveau de consommation nécessaire, reposant sur une alimentation saine et équilibrée, pour permettre à un individu de participer activement à la société. Le budget familial a été révisé sur la base des nouveaux prix recensés en mai 1994.

### Consommation durable

En 1993, l'Agence pour la consommation et le Conseil d'économie domestique du Gouvernement danois ont commencé à sensibiliser les consommateurs aux questions concernant l'environnement. Nombre des projets, essais, etc. réalisés en 1992 dans l'optique du comportement des produits dans l'environnement ont été repris en 1993 pour informer les consommateurs.

### Produits de lavage et de nettoyage respectueux de l'environnement -- nouvelle campagne

Tous les détergents, poudres de lavage et produits de rinçage contiennent des substances préjudiciables à l'environnement et sont consommés dans une large mesure par les particuliers. Soixante pour cent environ des rejets de détergents proviennent des ménages et, même après purification dans les stations d'épuration des eaux, de petites quantités de substances dangereuses pour l'environnement se répandent dans le milieu aquatique. Des études montrent par ailleurs que de nombreux consommateurs utilisent des doses trop importantes de détergents. La nouvelle campagne a été lancée en février 1995 avec la collaboration de l'Agence danoise pour la protection de l'environnement. Les consommateurs ont été informés par le biais de la presse quotidienne, des magasins de proximité, des publicités télévisées, des bibliothèques et des hebdomadaires.

### *Presse, radio et télévision*

Depuis longtemps, la presse quotidienne est l'un des collaborateurs les plus importants de l'Agence. Les questions concernant les consommateurs suscitent de plus en plus d'intérêt. En 1994, une grande partie des ressources de l'Agence consacrées à la presse a été affectée à la radio et à la télévision. L'émission de radio intitulée "Conseils gratuits", à laquelle trois employés de l'Agence participent, sera poursuivie en 1995. Les thèmes concernant la consommation intéressent également les journaux télévisés. A l'heure actuelle, l'Agence pour la consommation fournit régulièrement des informations générales pour deux émissions de télévision destinées aux consommateurs.

### *Autres activités d'information*

#### *"Råd og Resultater" (Avis et résultats)*

En 1994, le nombre d'abonnés au mensuel *Råd og Resultater* (Avis et résultats) a augmenté considérablement. L'Agence pour la consommation a par ailleurs publié quatre nouveaux prospectus et, depuis ces dernières années, offre aux consommateurs avec succès des dossiers contenant des informations utiles, notamment au sujet des enfants et des déménagements.

#### *Annuaire juridique*

L'annuaire juridique contient des informations sur l'action du Médiateur des consommateurs et du Conseil chargé de traiter les plaintes des consommateurs, notamment sur les lignes directrices et les décisions adoptées. Il contient également des informations sur les mesures ayant été prises par l'Agence pour la consommation pour les questions concernant la sécurité des produits, et en particulier la sécurité des jouets, ainsi que l'application de la loi sur le marquage et l'affichage des prix.

*Danemark*

### Éducation des consommateurs

La publication qui a été adressée aux établissements scolaires en février 1994 traitait de questions environnementales, et était constituée de la brochure intitulée *Kredsløb eller kapløb* (Cycle ou course) et d'un opuscule à caractère pédagogique concernant les précautions à prendre par rapport à l'environnement pour le nettoyage des vêtements. En septembre 1994, cette publication contenait les documents de la campagne "On ressemble à ce que l'on mange" ainsi qu'une brochure à caractère pédagogique concernant la loi sur les pratiques commerciales et les activités du Médiateur des consommateurs.

# Espagne

## I.  Évolution d'ordre institutionnel

La politique de consommation en Espagne concerne différents départements de l'administration publique. Cela provient des nombreuses et différentes disciplines qu'englobe cette matière. Cependant, l'institution chargée de l'exécution des directives du gouvernement dans ce domaine est le ministère de la Santé et de la Consommation.

Dans le cadre de ce ministère, les compétences en matière de protection des consommateurs sont attribuées à l'Institut national de la consommation (INC). Il s'agit d'un organisme autonome qui défend les droits du consommateur en coopération avec les Communautés autonomes, conformément au décret royal 858/1992 du 10 juillet.

Cette coopération avec les Communautés autonomes s'effectue sur deux plans : par l'intermédiaire de la conférence sectorielle de la consommation qui réunit le ministre du département et les représentants des organismes gouvernementaux correspondants des Communautés autonomes, et par l'intermédiaire de la Commission de coopération et de coordination, les Communautés autonomes et l'administration centrale de l'État en matière de consommation qui rassemble les directions générales correspondantes.

De même, dans le cadre de l'INC, en sa qualité d'organisme de représentation et de consultation des consommateurs et usagers sur tout le territoire national, l'importante fonction du Conseil des consommateurs et des usagers, rassemblant les associations de consommateurs les plus influentes, mérite d'être soulignée.

Il est également nécessaire de signaler l'importante progression concernant l'accès des consommateurs à la justice avec la création de l'Assemblée nationale de la consommation, en vertu de la configuration du système arbitral de consommation réglementé par le décret royal 636/1993 du 3 mai, de même qu'en qu'en d'autres domaines où l'INC développe sa politique de défense du consommateur ainsi qu'il est exposé ci-après.

## II. Protection physique (sécurité des produits)

Dans ce domaine, une l'activité principale consiste à mettre en application le mandat contenu dans l'article 5.2 de la loi générale pour la défense des consommateurs (loi 26/84), qui établit "l'obligation de retirer ou de suspendre, en utilisant des procédés efficaces, tout produit ou service qui ne s'ajusterait pas aux conditions requises ou qui, pour toute autre raison, représenterait un risque prévisible pour la santé ou la sécurité des personnes."

En plus de sa participation à l'activité normative de l'Union européenne et aux travaux pour la transposition de la Directive 92/59/CEE du Conseil du 29 juin 1992 concernant la sécurité générale des produits et de la Directive 93/68/CEE du Conseil concernant la sécurité des jouets, l'INC a créé un Réseau d'alerte qui sert à détecter les produits dangereux existant sur le marché, afin d'éviter que leur commercialisation se poursuive et que ces produits puissent provoquer des accidents.

Pour réaliser ce travail de prévention, un système d'échange d'information est en cours et s'appuie sur trois institutions : l'Union européenne, l'OCDE et les Communautés autonomes. L'INC en constitue le centre de liaison en se chargeant de diffuser l'information qui arrive par une de ces trois voies.

Il est intéressant de signaler, comme conséquences des notifications, l'ensemble des mises en action effectuées pendant les années 1993 et 1994 :

-- L'immobilisation de plusieurs types de produits (lampes, pistolets à air comprimé, ours en peluche, braseros électriques, peintures utilisées comme matériel scolaire, etc.).

-- Retrait du marché d'eaux de Cologne avec un excès de méthanol, de mixeurs, d'appareils électriques pour éliminer les insectes, de piolets d'escalade, etc.

-- Ouverture de dossiers pour sanctionner des importateurs d'appliques électriques pour les murs.

Parallèlement à ce système, depuis 1992, l'INC a mis en marche un processus de détection douanière pour les jouets importés d'autres pays qui pourraient présenter un danger pour les consommateurs. C'est ainsi que lorsque les autorités des douanes détectent une irrégularité concernant un produit, elles la notifient à l'INC, qui lui à son tour prévient les Communauté autonomes concernées, et c'est là que l'on procèdera à son contrôle.

Pendant l'année dernière, un total de 94 cas ont étés remis aux différents organismes de consommation ; il s'agissait de 145 lots de jouets qui ne respectaient pas le décret royal 880/90 du 29 juin 1990 par lequel furent approuvées les normes de sécurité pour les jouets.

Afin d'améliorer Le développement de ce système en Espagne, l'INC a élaboré un projet d'ordre ministériel sur le contrôle des jouets aux frontières. Il Ce projet est dans sa phase préliminaire dans les départements concernés.

D'autre part, et comme complément d'information fournie par le Réseau d'alerte, l'INC réalise des prospections systématiques de marché. Pour ce faire, il dispose de son propre laboratoire et de son personnel afin de pouvoir étudier et détecter les produits dangereux qui auraient eu la possibilité d'échapper au contrôle d'autres systèmes de vigilance.

Il est important de souligner, parmi les campagnes de contrôle du marché réalisées pendant les années 1993/94 en matière de sécurité, les campagnes suivantes :

-- Campagne de Noël (ornements de Noël, et plus concrètement, les guirlandes électriques, et les colis de Noël).

-- Campagne de sécurité des enfants (jouets et tétines).

-- Campagne de matériel électrique (braseros électriques, fers à repasser, séchoirs à cheveux, lampes et outils).

Le principal objectif en matière d'application dans le domaine de la sécurité électrique est l'accord de collaboration pour la promotion de la qualité du matériel électrique souscrit entre l'INC et l'Association de fabricants de matériel électrique (AFME).

En dernier lieu il faut également souligner, dans le cadre du système dénommé ELHASS, l'intervention de l'INC dans le processus de discussion de la Décision du Conseil du 29 octobre 1993 aux termes de laquelle le système communautaire d'information sur les accidents ménagers et les accidents survenant pendant les loisirs est remis en fonctionnement.

La participation de l'Espagne sur ce point a changé par rapport aux années précédentes. Au lieu d'utiliser les données des services d'urgences de certains hôpitaux, l'INC utilise maintenant un système de sondages ; c'est donc de cette manière que l'information est recueillie en réalisant un sondage représentatif auprès de 20 000 foyers sur tout le territoire national.

### III. Protection de l'intérêt économique du consommateur

Dans ce domaine, les activités de l'INC visant au contrôle des méthodes commerciales et des relations contractuelles entre commerçants et consommateurs sont centrées sur la publicité.

A ce sujet, étant donnée les répercussions sur le consommateur, un service de publicité a été créé au sein de l'INC en juillet 1993. Ses objectifs consistent à suivre, analyser et surveiller l'activité publicitaire.

En ce qui concerne l'analyse et le suivi, les travaux portent surtout sur les techniques de ventes qui, tout comme le "marketing direct" avec le support en communications qu'il utilise, ont une plus grande capacité d'influencer les différentes couches de la population. Cette activité a concerne principalement la publicité à la télévision, et plus précisément, les secteurs qui pourraient être considérés comme étant plus conflictuels comme les boissons alcooliques, le tabac, les produits alimentaires et diététiques, les jouets, les produits de cosmétique ou autres, les banques et les détergents.

Au total, environ 640 heures de télévision sur les quatre chaînes nationales, à l'exception de Canal+ ont été visionnées en étant sélectionnées selon les critères de l'audimat. Un total de 430 spots publicitaires de ces quatre chaînes a été analysé, ceci donnant à une vingtaine de réclamations et à la suppression de l'émission du spot publicitaire en question.

En ce qui concerne la publicité sur les jouets, l'INC s'est maintenue en contact avec l'Association de fabricants de jouets pour actualiser l'accord souscrit à ce sujet.

De même, l'INC maintient une étroite coopération avec l'organisme national des loteries en ce qui concerne la publicité de combinaisons aléatoires utilisée comme méthode de promotion de ventes. Il coopère également avec le ministère public, du fait que certaines plaintes ont été déposées contre la publicité d'offres d'emploi qui auraient pu cacher des délits d'escroquerie.

D'autre part, l'INC est en contact avec les Associations d'annonceurs et d'agences de publicité qui visent à créer des organismes qui permettant de réglementer volontairement la publicité. C'est en ce sens que l'INC a encouragé le dialogue avec les secteurs du patronat en restant constamment en contact avec différents secteurs d'entreprises afin de les inciter à corriger leurs défaillances envers les consommateurs. L'activité de cet organisme s'est concrétisée par une collaboration visant à encourager l'auto-réglementation, entre autres, dans des secteurs aussi différents entre eux que les suivants : la publicité dirigée à la population infantile, la publicité et l'étiquetage de détergents, des agents actifs, des eaux de Javel et d'autres dérivés, les étiquetages et la publicité d'aliments et de boissons, les téléphones à suppléments, les grandes surfaces, les fabricants de bière, etc.

En conclusion, il est nécessaire de mentionner tout particulièrement les travaux effectués sur la publicité de produits "miracles". A ce propos, il a été réalisé une étude sur plus de 300 de ces produits et chaque cas a été présenté aux organismes compétents avec les instructions sur la manière de procéder. L'INC a coopéré avec des directions générales comme celles de la pharmacie et de la santé publique, réussissant à obtenir la suspension ou la modification de plus de 96 spots publicitaires. Un projet de décret royal a également été élaboré pour la réglementation de la publicité dans ce domaine. C'est ainsi que s'est établie une coordination avec les Communautés autonomes afin de faciliter et de stimuler le contrôle sur ce type de produits.

Pour atteindre ces objectifs, l'INC a tenu compte de la loi générale sur la publicité 34/88 du 11 novembre, ainsi que des dispositions sur la publicité, contenues dans les normes spéciales existantes pour certains produits.

## IV. Information et éducation du consommateur

En ce qui concerne l'étiquetage, il faut souligner l'attitude en vigueur pour obtenir l'approbation de la Directive de la Commission 93/102/CEE du 16 novembre qui modifie les annexes de la Directive 79/112/CEE sur l'étiquetage des aliments, et la participation aux travaux pour le projet de directive de la Commission concernant l'indication sur l'étiquetage de certains produits alimentaires de mentions obligatoires différentes de celles qui sont établies dans la Directive 79/112/CEE.

L'INC est également en train de travailler sur les normes d'étiquetage des chaussures et sur l'étiquetage énergétique des frigidaires, congélateurs et autres appareils électroménagers combinés.

Il est également nécessaire de mentionner le Décret Royal 2160/93 du 10 décembre concernant l'indication des prix sur les produits offerts aux consommateurs et aux usagers. Cette réglementation, qui ne concerne que les produits et non pas les services, établit en premier lieu le caractère obligatoire de l'indication du prix qui doit figurer sur l'étiquette des produits offerts aux consommateurs.

En ce qui concerne l'information, il faut signaler que l'INC dispose d'un Centre de documentation et d'information (CIDOC) dont la tâche principale consiste à compiler toute l'information qu'elle produit au sujet des consommateurs afin de pouvoir ensuite la diffuser auprès des particuliers ou des professionnels intéressés par le sujet. Le CIDOC dispose actuellement d'un inventaire bibliographique de 11 929 volumes. Au cours de 1993, trois projets ont été adoptés au titre du plan de modernisation de l'administration et ont été mis en oeuvre en 1994. Ils représentent la création d'une base de données d'information sur la consommation, l'élaboration d'un catalogue pour obtenir une liste unique de descripteurs qui simplifie la consultation de l'information, et l'acquisition d'un équipement de gestion documentaire qui emmagasine les images et les textes des enregistrements contenus dans les bases de données.

En ce qui concerne l'éducation, l'approbation de la loi générale du système éducatif 1/90 permet d'inclure l'éducation du consommateur dans l'enseignement obligatoire, même si similairement à l'éducation routière et l'éducation en matière de santé c'est également un domaine qui relève plus des attitudes et des habitudes que des connaissances. A ce sujet, il faut souligner, entre autres, la collaboration qui s'est instaurée entre les syndicats et le patronat pour la préparation du matériel didactique scolaire en matière de consommation, d'environnement et de sécurité des enfants. Ce dernier a été réalisé sur la base des données d'accidents ménagers fournies par le système ELHASS, l'objectif étant d'enseigner aux élèves les précautions les plus simples mais indispensables pour améliorer la sécurité domestique.

Ce matériel didactique a également fait l'objet d'une vaste diffusion à la radio et dans la presse écrite. Il a également été fourni aux écoles, aux bureaux municipaux d'information aux Consommateurs (OMICS), aux associations de consommateurs, aux Communautés autonomes et au ministère de l'Education Nationale.

## V. Mécanismes de recours et de réclamations

L'INC a mis en place un mécanisme extra-judiciaire de recours, le Système arbitral de la consommation, qui se distingue par les principes de rapidité, de gratuité, de spontanéité, de simplicité et d'efficacité.

Ce système, qui est considéré dans la loi générale pour la défense des consommateurs et des usagers comme celui qui "sans formalités spéciales, s'occupe et résout de manière obligatoire et exécutive pour les deux parties, les plaintes ou réclamations des consommateurs et usagers, sauf pour les cas où il s'agirait d'intoxications, de lésions ou de morts, ou s'il y avait des indices de délit", a été instauré par le décret royal 636/1993 du 3 mai.

Sa composition tripartite, (un représentant de l'administration qui en est le président, un représentant des entreprises et un représentant des consommateurs) garantit l'équilibre et l'égalité entre les parties.

Au cours de l'année 1993, 29 assemblées arbitrales ont été constituées et ont pu obtenir l'engagement d'un total de 326 entreprises de se soumettre à ce dispositif afin de résoudre les conflits potentiels affectant les consommateurs qui pourraient survenir. Ceux-ci ont d'ailleurs adressé un total de 14 992 demandes d'arbitrage. Une solution a été trouvée pour la majorité d'entre elles dans un délai d'un à trois mois, les frais étant de Ptas 70 000 en moyenne par procès, frais qui ont été assumés par l'administration.

En 1994, le Système arbitral de la consommation disposait déjà de 44 assemblées arbitrales (dix autonomes, dix provinciales et 17 municipales). L'Assemblée arbitrale nationale a reçu 400 réclamations qui concernaient le service des tarifs à suppléments du 903 de la Compagnie des Téléphones.

## VI. Relations entre la politique de la consommation et les autres aspects de la politique gouvernementale

A ce propos, il faut souligner la collaboration de L'INC avec les institutions chargées de la défense de la concurrence (Direction générale de la défense de la concurrence et le tribunal de la défense de la concurrence) pour la réalisation de rapports, de plaintes, etc.

Dans le domaine de l'industrie, il faut souligner la participation de l'Association espagnole pour la normalisation et la certification) par l'intermédiaire de son assemblée générale et de ses différents comités techniques).

En ce qui concerne le commerce, la collaboration avec le ministère du Commerce est particulièrement importante pour les consommateurs concernant la vente à prix spéciaux, des promotions à distance, la garantie et le service après-vente. L'INC participe aux travaux concernant l'élaboration de la future loi du commerce intérieur.

# États-Unis

## I. Évolution d'ordre intstitutionnel

En 1994, le Président Clinton a proclamé le droit des consommateurs au service, complétant ainsi le texte connu sous le nom de *Consumer Bill of Rights* (Déclaration des droits du consommateur). Ces droits avaient été énoncés le 15 mars 1962 par le Président Kennedy dans un *Message spécial au Congrès sur la protection des intérêts des consommateurs* ; y figuraient, notamment, les quatre droits ci-après :

*i)* *Droit à la sécurité*

Droit par lequel le consommateur peut espérer que sa santé, sa sécurité physique et sa sécurité financière seront réellement protégées dans ses transactions commerciales ;

*ii)* *Droit à l'information*

Droit du consommateur à disposer d'informations complètes et précises à partir desquelles il peut prendre des décisions en tout liberté et connaissance de cause, et être protégé contre les allégations fausses ou trompeuses ;

*iii)* *Droit de choisir*

Droit de faire un choix documenté entre les produits et les services vendus sur un marché libre à des prix loyaux et compétitifs ;

*iv)* *Droit d'être entendu*

Droit du consommateur à une audition loyale et complète et à un règlement équitable de ses problèmes ;

73

En 1975, le Président Gerald R. Ford a ajouté :

*(v)  Le droit du consommateur à l'éducation*

Droit à une éducation permanente sans laquelle le consommateur ne peut pleinement jouir des autres droits.

En 1994, dans son Discours ouvrant la Semaine nationale de la consommation "National Consumers Week Proclamation", le Président Clinton a ajouté :

*vi)  Le droit au service*

Droit à la commodité, à la courtoisie, à l'innovation dans la façon dont sont accueillis les problèmes et les besoins du consommateur, et adoption de toutes les mesures nécessaires pour que produits et services aient les qualités et les résultats qu'on leur attribue.

Le Président Clinton a classé en première priorité la refonte de l'administration fédérale des États-Unis de façon à assurer aux consommateurs le meilleur accueil et le meilleur service au moindre coût. Le fait que les agences gouvernementales recourent désormais davantage aux télécommunications et à la technologie informatique illustre bien cette évolution de la politique américaine à l'égard des consommateurs. En 1993-94, par exemple :

-- la Consumer Product Safety Commission (Commission chargée d'assurer la sécurité des produits de consommation), qui réglemente les produits destinés aux enfants, aux ménages et aux activités de loisirs, a complété son système d'appels téléphoniques gratuits par Internet (messagerie électronique et télécopie à la demande) pour permettre au consommateur de communiquer avec elle ;

-- la Federal Trade Commission (Commission fédérale du commerce), qui a pour mandat de protéger le public contre la publicité et les pratiques commerciales déloyales, trompeuses et frauduleuses en assurant le respect de la loi et en informant les consommateurs, a créé un site Internet, la Consumerline/FTC, qui permet d'accéder à sa documentation d'information aux consommateurs et aux entreprises ;

-- le Department of Commerce Office of Consumer Affairs (Bureau des affaires intéressant les consommateurs, qui relève du ministère du Commerce) a créé un système de télécopie à la demande grâce auquel les consommateurs peuvent obtenir des informations 24 heures sur 24. Ces informations sont également disponibles actuellement sur les systèmes informatiques en ligne Compuserve et FedWorld[R]. Le National Institute of Standards and Technology (Institut national des normes et de la technologie relevant du même ministère) a entrepris l'élaboration du Réseau national de systèmes de normes, qui reliera électroniquement les concepteurs et les utilisateurs des normes réglementaire ou facultatives de qualité et de sécurité en matière de produits et de services, ce qui accélérera l'élaboration des normes et permettra de mieux s'y conformer ; et

-- de nombreuses agences fédérales ont mis en place ou amélioré des systèmes de télécommunication de façon à pouvoir mieux répondre aux demandes et aux réclamations des consommateurs et utiliser les informations que ceux-ci leur communiquent pour améliorer la gestion de leurs opérations, et de communiquer, par ailleurs, de façon plus efficace, avec leurs homologues des États et des municipalités.

## II.  Protection physique (sécurité des produits)

La Commission chargée d'assurer la sécurité des produits de consommation (CPSC) est la principale agence des États-Unis en matière de sécurité des produits ; elle a la charge de quelque 15 000 types de produits destinés aux enfants, aux ménages et aux activités de loisirs.

### *Normes de sécurité obligatoires et volontaires*

La CPSC a exigé des emballages difficiles à ouvrir par les enfants pour les produits contenant de la *lidocaïne* et de la *dibucaïne* (qui sont des anesthésiques locaux) ; elle a également proposé une norme de sécurité obligatoire pour les casques de cycliste, un emballage résistant aux enfants pour les eaux dentifrices contenant trois grammes d'éthanol, et elle a demandé que soient réexaminés les protocoles actuels en matière d'essais d'emballages résistant aux enfants.

Des normes volontaires de sécurité ont été établies notamment pour les dispositifs suivants :

-- matériel utilisé sur les terrains de jeux publics où l'on enregistrait plus de 168 000 dommages corporels par an (tête coincée, choc en retour, immobilisation, etc.) ;

-- nouveau code de maintenance électrique dans les habitations où résident une ou deux familles, de façon à réduire le nombre de décès, de dommages corporels et de blessures provoqués par les incendies résultant de l'utilisation de systèmes électriques, estimés à 43 500 par an ;

-- tuyaux souples de raccordement au réseau de gaz, afin de réduire les fuites ;

-- lits superposés, pour réduire les défauts de construction ; et

-- panneaux de fibres, en fixant à 0.3 ppm maximum le niveau d'émission de formaldéhyde.

### *Mesures correctives*

La CPSC engage chaque année plusieurs centaines d'actions correctives, qui se soldent par des modifications de conception, des remboursements, le remplacement des produits, leur réparation ou leur retrait. Au cours de la période examinée, les mesures les plus marquantes visaient les produits suivants :

-- appareils de chauffage au propane (empoisonnements au monoxyde de carbone) ;

-- lits métalliques superposés (le lit de dessus pouvant s'apaiser sur le lit de dessous) ;

-- enveloppes de four à micro-ondes destinées à protéger les enfants (risques de surchauffe, de combustion, de fumée ou de fusion) ;

-- berceaux à barreaux manquants ou mal fixés (risque pour les bébés d'avoir la tête coincée) ;

-- siège-poufs munis d'une fermeture à glissière, (risque d'étouffement pour les enfants qui peuvent s'y glisser) ;

-- jupes en mousseline inflammable ; et

-- certains types de crayons de couleur à forte teneur en plomb (risques d'empoisonnement pour les enfants qui peuvent les mâchouiller ou les manger).

### III. Protection de l'intérêt économique du consommateur

En 1993-94, la FTC, principale agence américaine chargée de régler les problèmes économiques qui se posent sur le marché, s'est intéressée en priorité à certaines questions qui ont toujours constitué un sujet de préoccupation : la publicité trompeuse, la fraude en matière de télémarketing et les infractions aux lois applicables en matière de crédit à la consommation. La croissance spectaculaire des nouvelles technologies a créé de nouveaux sujets de préoccupation. Certes, ces technologies ouvrent de nouvelles possibilités aux consommateurs mais elles créent aussi de nouveaux moyens de commercialisation propre à tromper les consommateurs.

*Publicité*

La Food and Drug Administration (FDA) (l'Administration des denrées alimentaires et des médicaments) a publié des réglementations portant application du Nutrition Labeling and Education Act (NLEA), loi sur l'information et l'étiquetage en matière d'alimentation, qui ne permet d'apposer sur les aliments que des étiquettes donnant des indications agréées au préalable en matière de diététique, et qui limite en la normalisant la terminologie à utiliser (par exemple, faible teneur en graisses). (Voir section IV du présent rapport pour davantage d'informations sur les obligations en matière d'étiquetage des produits d'alimentation.) La FTC, qui a pour politique d'adapter le plus possible aux réglementations de la FDA les règles de publicité en matière d'alimentation, a entrepris de prendre des mesures pour mettre un terme aux indications trompeuses utilisées dans la publicité.

*Fraude*

La FTC s'est surtout attachée à lutter contre la fraude -- en particulier contre la fraude dans le télémarketing, et notamment :

-- Le Congrès a demandé à la FTC de définir et d'interdire les fraudes en matière de télémarketing. La réglementation proposée par la FTC habiliterait également les Procureurs généraux des États à engager des poursuites et à obtenir réparation à l'échelon national, et pas uniquement dans leurs États. La procédure de réglementation n'est pas encore achevée.

-- La FTC a engagé plusieurs actions contre la forme la plus récente de fraude en matière de télémarketing, les "recovery rooms" qui proposent aux consommateurs de récupérer les sommes qu'ils ont perdues du fait d'autres escroqueries.

-- Aux États-Unis, la lutte contre la fraude en matière de télémarketing a été marquée par un renforcement de la coopération entre les agences chargées de l'application de la loi. Les bureaux régionaux de la FTC et l'Association nationale des Procureurs généraux ont organisé conjointement des conférences au cours desquelles les représentants officiels de chaque région au niveau fédéral, des États et des municipalités se sont réunis pour étudier les mesures à prendre dans ce domaine. Ces conférences ont prévu des actions conjointes et autres projets pour faire respecter la loi.

-- Au plan international, des fonctionnaires canadiens et de la FTC ont organisé conjointement à Ottawa une conférence sur la fraude transfrontière.

### Les réactions face à l'innovation technologique

Constatant que l'évolution observée dans la technologie des communications exigeait de nouvelles stratégies, la FTC a pris un certain nombre de mesures importantes, entre autres :

-- Réglementation en matière de vente par correspondance -- elle a été élargie aux ventes par téléphone, télécopie et modem informatique.

-- Fraude à l'investissement dans les télécommunications -- 12 procédures ont été engagées contre des promoteurs d'investissements fictifs dans des licences délivrées par la Commission fédérale des communications.

-- Fraude en ligne -- la première procédure engagée contre un dispositif frauduleux utilisant les services en ligne pour commercialiser un service fictif de réparation à crédit.

-- Home Shopping Network -- une plainte a été introduite contre cette société qui vend sur le marché en utilisant son propre réseau de télévision câblé ; étaient mises en cause ses allégations publicitaires.

-- Règle applicable au numéro d'appel 900 -- aux États-Unis, l'indicatif téléphonique 900 est utilisé pour les services d'information, et il donne lieu à un droit facturé au titre des services fournis aux consommateurs par les services du téléphone local ; les numéros d'appel 800 sont gratuits. Dans cette première affaire engagée pour infraction à la réglementation applicable au numéro 900, le défendeur faisait payer les consommateurs qui utilisaient l'indicatif 800.

### IV. Information et éducation du consommateur

### Étiquetage

Comme indiqué à la section III, les nouvelles réglementations de la FDA sur l'étiquetage de presque tous les produits d'alimentation vendus sous emballage ont pris effet en 1994. Ces réglementations, qui s'appliquent à pratiquement tous ces produits, font obligation des mesures suivantes :

-- indiquer sur le côté ou au dos des emballages des produits d'alimentation des informations nutritionnelles normalisées ;

-- d'énumérer tous les ingrédients par ordre de poids décroissant ;

-- utiliser des informations nutritionnelles normalisées telles que "faible teneur en graisses", "riche en..." ; et

-- appliquer des règles rigoureuses pour les indications relevant du domaine de la santé.

Dans un domaine voisin, le Congrès a adopté une loi sur l'étiquetage des additifs alimentaires (vitamines, sels minéraux, etc.), dans laquelle sont définies les conditions auxquelles les fabricants devront se conformer avant le 31 décembre 1996 et qui habilite la FDA à adopter et à appliquer un code déontologique dans cette branche d'activité.

### *Éducation des consommateurs*

Les secteurs tant privé que public assurent une large partie de l'éducation et de la formation des consommateurs sur l'ensemble du territoire des États-Unis. Comme ce sont les instances des États et des municipalités qui administrent les systèmes d'enseignement public, le volume et le type d'enseignement proposé ou obligatoire varient considérablement selon les systèmes d'enseignement et dépendent des priorités définies par les autorités locales.

Toutefois, les programmes de formation destinés au grand public sont très nombreux et couvrent les activités commerciaux sous tous leurs aspects. Presque toutes les agences fédérales élaborent et diffusent une documentation à l'intention des consommateurs dans les régions qui relèvent de leur juridiction, souvent en coopération avec les organisations de consommateurs, les associations ou les corporations commerciales et professionnelles.

Par exemple, en 1994, le Bureau chargé des affaires intéressant les consommateurs, qui relève du ministère du Commerce (Department of Commerce Office of Consumer Affairs), a poursuivi la publication de ses Bulletins de la consommation en consacrant des numéros consacrés aux accords de commerce internationaux, aux nouvelles météorologiques et à l'examen des réclamations. La nouvelle série qui parait sous le titre "Consumer Tips" ("Conseils aux consommateurs") est publiée en anglais et en espagnol et contient des avis sur la façon d'éviter ou de régler les problèmes dans les secteurs de la réparation de voitures, des commandes par téléphone ou par correspondance, du crédit et des banques et des voyages. Comme indiqué dans la section I, ces documents peuvent être désormais obtenus par télécopie ou en utilisant les services en ligne Compuserve et FedWorld[R].

Le Federal Consumer Information Center (Centre fédéral chargé d'informer les consommateurs) collabore avec les agences fédérales pour la préparation, la promotion et la diffusion d'informations aux consommateurs. Il publie tous les trimestres le *Consumer Information Catalog*, que le public peut obtenir gratuitement, et établit la liste des 200 publications destinées aux consommateurs, qui sont gratuites ou peu onéreuses. Le *Catalog* est distribué par l'intermédiaire des bureaux du Congrès et des organismes fédéraux, des écoles, des services administratifs des États et des municipalités, ainsi que par les organisations de consommateurs et autres organismes à but non lucratif dissimulées dans tout le pays.

Chaque année, le Président proclame la dernière semaine d'octobre Semaine nationale de la consommation (*National Consumers Week*) ; cette manifestation est coordonnée au plan national par le Bureau américain des affaires intéressant les consommateurs et donne à des centaines de chefs d'entreprise, d'agences gouvernementales, d'associations industrielles et professionnelles, ainsi qu'aux organisations d'enseignement et de consommateurs, l'occasion d'attirer l'attention du public sur les problèmes et les initiatives des consommateurs. En 1993, la *National Consumers Week* était axée sur les escroqueries dont sont victimes les consommateurs, sur le thème *Too Good To Be True* (Trop beau pour être vrai). En 1994, le thème était *Consumer Rights* (Les droits du consommateur) et, comme indiqué dans la section I, le Président Clinton a ajouté à la Déclaration des droits du consommateur énoncée par le Président Kennedy le *Droit au service*.

## V.   Mécanismes de recours et de réclamations

Il existe aux États-Unis une très grande variété de dispositifs permettant aux consommateurs d'obtenir réparation, notamment des tribunaux habilités à régler les petits litiges ainsi qu'une large gamme de dispositifs d'arbitrage et de médiation. C'est aux instances administratives des États et des municipalités, aux associations professionnelles ainsi qu'aux organisations volontaires qu'incombent presque entièrement toutes les fonctions. Dans ce domaine, l'activité fédérale se limite surtout aux procédures dans lesquelles un grand nombre de consommateurs ont été lésés par une entreprise donnée qui a eu recours à des pratiques contraires aux lois fédérales.

En 1994, la National Association of Consumer Agency Administrators et la Consumer Federation of America ont publié un rapport dans lequel elles résumaient une enquête menée par 43 agences fédérales, des États et des municipalités par les plaintes des consommateurs. Les enquêteurs ont conclu que les agences avaient en 1993 reçu 546 000 réclamations (autant qu'en 1991 et qu'en 1992) et, selon leurs estimations, l'ensemble des agences gouvernementales ont été saisies en 1993 de plusieurs millions de plaintes. Les sujets de plaintes les plus fréquents étaient, dans l'ordre, les ventes de voitures neuves/d'occasion, l'entretien des maisons, la réparation automobile, les ventes directes et le télémarketing ; dans ces cinq secteurs, il s'agissait principalement d'escroqueries. De nombreuses agences ont observé que le nombre de réclamations concernant l'entretien des maisons et le télémarketing, et plus particulièrement les loteries et autres concours, était en augmentation.

Ses études ayant montré qu'il est nécessaire d'aider le consommateur à résoudre ses problèmes sur le marché, le Bureau des affaires intéressant les consommateurs publie tous les deux ans un guide détaillé sur les recours des consommateurs, le *Consumer's Resource Handbook*. Dans son édition de 1994, ce manuel indique comment et où obtenir réparation, pour 3 000 types de contrats énumérés et donne des informations tout aussi importantes pour éviter ce problème. Ce manuel peut être obtenu gratuitement par tous les consommateurs et fait l'objet d'une large diffusion par l'intermédiaire du Centre d'information des consommateurs (voir section IV). En 1995, ce manuel sera également publié en espagnol.

## VI. Relations entre la politique à l'égard du consommateur et autres aspects de la politique gouvernementale

### *Échanges internationaux*

La conclusion de l'Accord de libre-échange nord-américain (ALENA) a concentré l'attention sur les conséquences que les échanges internationaux peuvent avoir sur la politique à l'égard des consommateurs. Celles-ci sont énoncées ci-dessous :

-- En coopération avec plusieurs agences gouvernementales, la National Coalition for Consumer Education (NCCE) a organisé en 1993 une exposition et des rencontres internationales sur le thème *Leadership in Consumer Literacy: Reaching the New Global Market* (Orientations pour l'éducation du consommateur et mondialisation du marché). Des représentants de consommateurs et des juristes venus des États-Unis et de 16 autres pays se sont rencontrés pour débattre de certaines questions telles que la santé et la sécurité, l'éducation en matière d'environnement et la mondialisation du marché.

-- En 1994, l'Office chargé des affaires intéressant les consommateurs qui relève du ministère du Commerce a organisé, en coopération avec le NCCE, un séminaire sur le thème *NAFTA and the Consumer: Issues, Impact, and Implementation* (L'ALENA et le consommateur : problèmes, incidence et mise en oeuvre). Lors des débats ont été passés en revue les accords commerciaux et les problèmes concernant les normes, l'agriculture, l'environnement et les incidences économiques.

-- Lors d'une conférence sur le thème *Transborder Consumer Protection in North America* (Protection transfrontière des consommateurs en Amérique du Nord), organisée à Toronto en 1994 sous les auspices de la Direct Selling Education Foundation (Fondation sur l'éducation en matière de vente directe), des représentants du Canada, du Mexique et des États-Unis se sont réunis pour échanger des informations sur la protection des consommateurs, les voies de recours des consommateurs et autres problèmes intéressant les consommateurs dans les trois pays.

# Finlande

## I. Évolution d'ordre institutionnel

L'administration générale des affaires intéressant les consommateurs au sein du ministère du Commerce et de l'Industrie a été réorganisée. La Division de la concurrence, des consommateurs et de la politique des denrées alimentaires du Département du commerce de ce ministère est chargée d'élaborer, en collaboration avec le ministère de la Justice, une législation permettant d'assurer la protection des consommateurs ; elle est également responsable des questions de coopération internationale dans les affaires intéressant les consommateurs, assure les contacts avec les divers comités ou conseils consultatif lors de l'examen des affaires intéressant les consommateurs et la sécurité des produits, ainsi que des affaires à régler au niveau ministériel dans le cadre des différentes instances et institutions relevant du ministère.

Tant en 1993 qu'en 1994, le montant total des sommes allouées par le budget public aux instances responsables des questions intéressant les consommateurs au niveau de l'administration centrale a été légèrement supérieur à MkF 57 millions.

Pour ces deux mêmes années, l'aide de l'État aux organisations de consommateurs s'est établie à MkF 4.39 millions.

## II. Protection physique (sécurité des produits)

La loi sur la sécurité des produits a été révisée en 1993. Les amendements sont entrés en vigueur le 1er novembre 1993. Le champ d'application de la loi a été étendu aux services présentant un danger pour les consommateurs. Les dispositions ont également été élargies aux produits et aux services appelés à être utilisés dans les écoles, les hôpitaux, les crèches ou établissements analogues, ou encore par les municipalités ou autres sociétés de droit public, par les organisations sans but lucratif et par les sociétés de logement, à condition qu'elles fournissent des biens ou des services à des personnes pouvant être assimilées à des consommateurs. Désormais, il est possible d'exiger d'un chef d'entreprise qu'il rappelle un produit, autrement dit, des mesures peuvent être prises alors même que le produit dangereux est déjà en la possession du consommateur. S'il vient à être informé d'un danger pour la santé des consommateurs ou pour leurs biens, le chef d'entreprise doit désormais en informer immédiatement l'Instance de contrôle.

En 1993, l'Administration nationale de la consommation a organisé huit programmes de contrôle des marchés à l'échelon du pays. Sur les 240 municipalités ou fédérations de municipalités chargées de contrôler au niveau de l'administration locale l'application de la législation sur la sécurité des produits, 52 ont participé à ces projets. En tout, près de 17 000 produits ont été inspectés. Des vérifications ont été effectuées dans les entrepôts des fabricants et des importateurs et surtout dans les magasins de détail. Il a été constaté qu'environ 3 500 produits n'étaient pas conformes aux réglementations.

Pour 1994, l'Administration nationale de la consommation avait fixé pour objectif national d'accroître de dix pour cent l'efficacité du contrôle des produits de consommation. Cet objectif a été atteint. En moyenne, 61 municipalités ou fédérations de municipalités ont participé à ces actions. Le contrôle a porté sur des échantillons de 10 952 produits, dont 3 963, soit 36 pour cent, n'étaient pas conformes aux réglementations. Il a été remédié à la situation soit par des rappels volontaires des produits soit par modification des étiquettes. Les inspections sur l'étiquetage ont donné lieu à 3 775 mesures de contrôle, à savoir : 17 interdictions de vente, 410 injonctions d'avoir à modifier les étiquettes, 1 128 observations verbales, 1 748 cas dans lesquels un avis portant spécifiquement sur le produit a été donné, ainsi que 472 autres mesures.

En 1993, a été institué un Registre de dommages causés par les produits qui doit permettre d'intensifier le contrôle et la sécurité des produits.

### III.  Protection de l'intérêt économique du consommateur

La loi sur la protection des consommateurs a été révisée. Les dispositions révisées seront en vigueur en 1994. Les modifications introduites sont les suivantes : révision du champ d'application de la loi, réaménagement du chapitre relatif au commerce des produits de consommation et incorporation de dispositions visant certains services fournis aux consommateurs.

La loi sur la vente et l'achat d'appartements a permis d'améliorer la protection juridique des acheteurs potentiels. Cette loi, adoptée par le Parlement en 1994, entrera en vigueur le 1er septembre 1995.

En février 1993 est entrée en vigueur la loi sur la gestion de la dette. La défaillance du débiteur et le surendettement sont dus souvent à des modifications intervenant dans la situation économique et financière du débiteur, modifications qu'il n'était pas en mesure de prévoir ou sur lesquelles il n'était pas suffisamment informé. La décision du Tribunal civil sur la gestion de la dette définit le programme de remboursement auquel doit se conformer le débiteur. Ce programme vaut pour une période donnée -- normalement cinq ans -- et peut réduire la charge globale de la dette.

La législation relative au crédit à la consommation a été révisée en 1993 afin de l'harmoniser avec la législation communautaire.

La loi sur les contrats d'assurance a été révisée en 1994. Les dispositions modifiées entreront en vigueur le 1 juillet 1995.

En 1993 a été révisée la législation relative à l'information sur les prix. Certaines dispositions de la Décision sur l'indication du prix unitaire pour la commercialisation des produits de consommation, adoptée par l'Administration nationale de la consommation, sont entrées en vigueur en 1993, d'autres en 1994. Ces dispositions sont conformes aux obligations communautaires.

La loi sur les voyages à forfait, qui est entrée en vigueur le 1er septembre 1994, est conforme à la législation communautaire.

En 1992, le ministère de la Justice a institué un groupe de travail chargé d'élaborer une proposition sur l'action de groupe, notamment pour les différends dans lesquels les consommateurs sont parties. Le groupe de travail a travaillé à son rapport en 1993 et en 1994.

Les Médiateurs des consommateurs des pays nordiques ont élaboré en 1993 des directives communes pour les pays nordiques ; ces directives visent la commercialisation respectant l'environnement ainsi que l'emploi de divers symboles. Ces directives ont été diffusées au Réseau international de contrôle de la commercialisation, qui réunit les instances chargées des problèmes intéressant les consommateurs dans tous les pays de l'OCDE.

En 1993, le Médiateur des consommateurs s'est intéressé en priorité aux questions suivantes : problèmes liés à la privatisation des services publics (notamment livraisons postales, marché des télécommunications, services de chauffage et approvisionnement en eau), influence de la publicité sur les enfants et les adolescents, commercialisation des produits de régime, égalité dans le domaine de la commercialisation. En 1994, les questions prioritaires étaient les suivantes : services essentiels (marché de l'électricité, marché des télécommunications, service postal et Centre d'immatriculation des véhicules à moteur), internationalisation des produits de consommation, nouvelles formes de publicité commerciale et services financiers.

Des lignes directrices précisant le type d'information qui doit être fournie en matière d'assurance voyage et de véhicule ont été établies après des négociations menées en 1994 entre le Médiateur des consommateurs et les compagnies d'assurance.

Les clauses générales figurant dans les contrats d'achat de maisons et d'éléments de construction préfabriqués et d'installation ont été négociées avec l'Association finlandaise des industries de construction et le médiateur des consommateurs. Ce dernier a également négocié avec l'Association des constructeurs de cabanes en rondins dans ce secteur particulier de la construction.

De plus, à l'initiative du Médiateur des consommateurs, les clauses contractuelles ci-après ont été révisées en 1994 :

-- clauses contractuelles générales pour les produits de menuiserie ;

-- clauses de location-vente pour les véhicules à moteur ;

-- clauses applicables aux réservations de résidences de vacances ; et

-- clauses types pour les formulaires de commande de mobilier.

En 1994, le Médiateur des consommateurs a élaboré des directives applicables aux garanties en matière de produits de consommation, conformément aux dispositions, modifiées, de la loi sur la protection des consommateurs.

La même année, le Médiateur a négocié les clauses de garantie applicables aux voitures et aux camionnettes.

L'avis formulé par le Médiateur sur l'agrément des annonces publicitaires à la radio a été incorporé dans les clauses de licence établies par le ministère des Transports et de la Communication pour les stations locales de radio publicité.

Les produits de régime sont commercialisés dans des publications de vente directe dans lesquelles le consommateur ne peut pas toujours reconnaître s'il s'agit de publicité. La Cour du marché a été saisie par le Médiateur des consommateurs de trois affaires mettant en cause la commercialisation de produits de régime.

Au début de novembre 1993 est entré en vigueur un accord qui améliore l'étiquetage des détergents. Aux termes de cet accord, conclu par l'Administration nationale de la consommation et le Conseil national des eaux et de l'environnement, avec l'Association finlandaise des produits de beauté et détergents, les fabricants et les importateurs ont accepté d'appliquer une procédure voisine de la procédure communautaire pour l'étiquetage des détergents et agents de nettoyage.

## IV. Information et éducation du consommateur

### *Étiquetage*

En 1993, l'Administration nationale de la consommation a diffusé dans tous les bureaux de poste du pays une brochure contenant la décision qu'elle a adoptée sur l'indication du prix unitaire pour les produits de consommation. En 1994, des brochures axées sur cette même question ont été à nouveau distribuées aux consommateurs et aux détaillants.

### *Essais comparatifs*

L'Administration nationale de la consommation a publié dans sa revue *Kuluttaja* les résultats des 17 et 18 essais menés respectivement en 1993 et 1994 par l'International Testing Ltd. (IT). En outre, elle a financé les procédures d'essai menées à l'échelon national sur certains produits, notamment les lave-linge, les lave-vaisselle, les aspirateurs et certains produits d'alimentation.

### *Services de consultation*

Depuis 1992, les municipalités finlandaises sont chargées de conseiller les consommateurs à l'échelon local. A la fin de 1994, pratiquement toutes les municipalités avaient, comme il leur a été demandé, organisé des services de consultation. Mais la qualité de ces services varie beaucoup d'une municipalité à l'autre. En association avec d'autres organismes de consommateurs, l'Administration nationale de la consommation a mis en place des programmes de formation à l'intention de ces services. Elle s'est également efforcée de persuader les preneurs de décision au sein des administrations locales d'allouer suffisamment de ressources pour financer ces activités d'information afin d'en garantir la qualité.

### *Moyens de communication de masse*

Les amendements apportés à la législation intéressant les consommateurs, les décisions de la Cour du marché, les accords conclus avec les organisations professionnelles par le Médiateur, ainsi que diverses activités de l'Administration nationale de consommation, ont fait l'objet de communiqués dans la presse spécialisée.

A la fin de 1994, le ministère du Commerce et de l'Industrie a entrepris une étude de suivi sur les modifications des prix des produits d'alimentation après l'entrée de la Finlande dans l'UE.

Ces dernières années, les moyens de communication de masse se sont de plus en plus intéressés aux problèmes des consommateurs auxquels ils ont donné une large publicité. En 1994, l'Administration nationale de la consommation a diffusé un feuilleton en 16 parties sur la deuxième chaîne de la Société nationale de radiodiffusion. Les problèmes de sécurité ont été largement abordés et parmi les autres questions, on relevait la gestion de la dette, l'intégration européenne et la protection des consommateurs, les conseils donnés aux consommateurs par les municipalités, etc.

L'Administration nationale de la consommation édite une revue propre, *Kuluttaja*. Cette revue s'adresse aux consommateurs du secteur privé. Son tirage est en progression augmente, mais reste encore assez modeste.

Le Médiateur des consommateurs publie en collaboration avec la Commission de recours des consommateurs une revue intitulée *Kuluttajansuoja*. Cette revue publie les avis de la Cour du marché, du Médiateur des consommateurs et de la Commission de recours des consommateurs. Elle est destinée principalement aux entreprises, aux professionnels de la publicité ainsi qu'aux juristes.

### Comparaisons des prix

En 1993 et 1994, l'Administration nationale de la consommation a surtout procédé à des comparaisons entre les prix des divers services liés à la consommation. Ces comparaisons ont surtout porté sur les services financiers, par exemple la banque, ainsi que les services des médecins privés, les services des dentistes, les locations de voitures, les services après-vente et les salons de coiffure.

## V. Mécanismes de recours et de réclamations

La Commission de recours des consommateurs a pour principale tâche de publier des recommandations en vue du règlement des litiges portant sur les biens et les services de consommation. Cette Commission donne également des avis et des conseils aux consommateurs et fait connaître les décisions qu'elle a prises. Elle peut adresser ses avis aux tribunaux lorsqu'il s'agit d'affaires relevant de sa compétence.

Pour la Commission de recours des consommateurs, il s'agit d'appliquer une procédure permettant de régler les litiges plus rapidement et de façon plus souple que par voie judiciaire. Ce service est gratuit. Son autre objectif est d'empêcher que ne surgissent entre consommateurs et entreprises des litiges dont devraient être saisis les tribunaux.

La procédure suivie devant la Commission est décrite dans l'annexe II. Dans l'annexe III sont indiquées les statistiques relatives aux affaires réglées par la Commission en 1993 et en 1994.

Le nombre de procédures engagées devant les tribunaux au titre de la loi sur la gestion de la dette a été très élevé et a poursuivi sa progression en 1993 et en 1994.

## VI. Relation entre la politique a l'égard des consommateurs et les autres aspects de la politique gouvernementale

Les questions d'environnement prennent de plus en plus de place dans la politique à l'égard des consommateurs. Les instances chargées des affaires intéressant les consommateurs jouent un rôle important dans les activités d'étiquetage écologique. La Finlande participe à la fois au Système nordique d'éco-étiquetage et, en tant que membre de l'Union européenne, participe au Système communautaire d'attribution du label écologique. L'Administration nationale de la consommation est intervenue très activement dans les campagnes d'information sur l'éco-étiquetage ainsi que sur d'autres questions liées à des structures de consommation supportables.

# France

Deux inflexions majeures ont marqué la réflexion et l'action de la politique française en matière de protection des consommateurs en 1993 et 1994 : une stratégie renforcée de prévention et de gestion des situations de crise et une adaptation permanente aux attentes et aux comportements nouveaux des consommateurs.

## I. Évolution d'ordre institutionnel

La Direction Générale de la Concurrence, de la Consommation et de la Répression des Fraudes (DGCCRF) a soutenu la réforme de certains organismes et maintenu son soutien aux organisations de consommateurs.

### La Commission des clauses abusives (CCA)

Les conditions d'organisation et de fonctionnement de la Commission des clauses abusives ont été modifiées afin d'accroître son efficacité (décret du 10 mars 1993). Le juge dispose de pouvoirs renforcés et de la possibilité de demander l'avis de la CCA avant de statuer. Par ailleurs, la CCA se voit reconnaître une mission d'expert auprès des tribunaux destinée à favoriser une harmonisation de la jurisprudence.

### Le Comité français d'accréditation (COFRAC)

La France s'est dotée en juin 1994 d'un système national d'accréditation de tous les intervenants de la qualité. Système intersectoriel, le COFRAC assurera l'unicité de la doctrine et de la pratique de la certification en France. La DGCCRF, partenaire co-fondateur du COFRAC, a pour mission de veiller au respect des principes qui ont présidé sa création : transparence de son fonctionnement, indépendance et représentation de tous les intérêts en cause, notamment ceux des utilisateurs et des consommateurs.

### Soutien financier

Le soutien financier aux associations de consommateurs s'est élevé à 61 millions de francs français en 1993 et à 53 millions en 1994. De plus, 37 millions en 1993 et 33.5 millions en 1994 ont été affectés à l'Institut National de la Consommation (INC).

## II.  Protection physique (sûreté des produits)

### La prévention et la gestion des situations de crise

La DGCCRF a amélioré l'ensemble de ses moyens au service d'une stratégie de prévention des risques. Cette stratégie implique :

-- la détection des risques notamment par la généralisation du travail "en réseau" (création de réseaux spécialisés "foies gras", "contrôle en abattoir", réseaux d'alerte dans près de 60 directions départementales de la DGCCRF en liaison avec les services médicaux, les services d'urgence, les centres anti-poison, les collectivités locales, etc.) ;

-- le ciblage des secteurs à risques afin de les traiter globalement. Ainsi, l'équipement de la maison, les sports et loisirs, les produits chimiques ménagers ou de bricolage ont fait, en 1993, l'objet d'une telle approche ;

-- des textes définissant ou améliorant les règles de sécurité (arrêté du 21 juillet 1993 imposant des mentions d'avertissement sur l'étiquetage et les notices d'emploi des jeux vidéo afin de prévenir les utilisateurs du risque de déclenchement de crise d'épilepsie, arrêté du 18 août 1993 interdisant la commercialisation des cages de buts non fixés au sol, décret du 22 octobre 1993 visant à améliorer la sécurité des inserts et foyers fermés de cheminée, décret du 10 août 1994 fixant les exigences de sécurité relatives aux équipements d'aires collectives de jeux).

De nombreuses mesures temporaires et mises en garde pour des risques nouveaux ont également été prises.

Des arrêtés ont suspendu la fabrication, l'importation ou la mise sur le marché de produits ou de services dangereux pour risque d'incendie et de brûlure (appareil Superflamme, aérosols de divertissement et de décoration inflammables), d'intoxication par le monoxyde de carbone (décolleuses à papier peint fonctionnant au gaz), de coupure (mini-hachoir électrique) en 1993 ; pour risque de coupure des systèmes d'ancrage (porte-vélos arrière pour automobiles) en 1994.

Des mises en garde ont été adressées aux professionnels pour réduire les risques présentés par certains produits, pour risque d'intoxication par le monoxyde de carbone (panneaux radiants mobiles fonctionnant au gaz), d'instabilité (bureaux-pupitres pour enfants, remorques à bagages), d'injection (produits d'hygiène corporelle présentés dans des emballages ayant la forme de personnages de bandes dessinées, matelas mousse), de chute (lits superposés), de manque de fiabilité (garniture de freins destinés à l'équipement de poids lourds), d'accident (tables de ping-pong pliantes), d'usure et de rupture (points d'attache des voitures des manèges forains).

La DGCCRF a, par ailleurs, entrepris une réflexion avec les professionnels pour parvenir à l'élaboration d'un recueil de procédures applicables en matière de rappel de produits commercialisés présentant des risques pour le consommateur. Elle a également engagé une réflexion en liaison avec les entreprises sur la communication en cas de problèmes de sécurité.

### La campagne d'information sur les accidents domestiques

L'action de sensibilisation menée depuis 1988 s'est poursuivie. En 1994, les mesures de prévention ont porté sur les enfants et les personnes âgées.

## III. Protection de l'intérêt économique du consommateur

### Le Code de la consommation

L'adoption du Code de la consommation (loi du 26 juillet 1993) consacre les efforts menés depuis plusieurs années. Le Code regroupe dans un document unique les principaux textes législatifs relatif au droit de la consommation. La codification de la partie réglementaire devrait être publiée en 1995.

### Le traitement du surendettement

Une réforme du dispositif du traitement du surendettement a été adoptée le 8 février 1995. Elle vise à renforcer les pouvoirs des commissions de surendettement. Celles-ci deviennent le point de passage obligé pour les surendettés qui ne peuvent plus saisir directement le juge de l'exécution d'une demande de redressement judiciaire civil.

_France_

### L'immobilier d'habitation

L'activité de marchand de listes de biens à louer ou à acheter dispose dorénavant d'une base juridique claire garantissant un meilleur niveau de services tout en protégeant les intérêts financiers des clients de ces prestataires (loi du 21 juillet 1994).

### Une nouvelle loi consommation

La loi du 1er février 1995 renforce la protection du consommateur sur plusieurs points. Le premier volet vise la mise en conformité du droit français avec des directives communautaires :

-- la définition des clauses abusives est précisée et complétée par une liste de clauses "suspectes" ; l'action en suppression des clauses abusives est étendue aux contrats-types des organisations professionnelles ;

-- l'encadrement du démarchage à domicile est étendu aux commerçants non sédentaires ;

-- les pouvoirs de contrôle sont renforcés sur la pertinence et l'existence du marquage CE ; une procédure de "mise à l'écart du marché" est instituée pour les produits non conformes sans être dangereux.

Le second volet comporte des dispositions d'adaptation du droit national :

-- la souscription à domicile d'abonnements à des journaux peut s'exercer dans des conditions plus souples tout en conservant le même niveau de protection du consommateur ;

-- en matière de ventes multiniveaux, l'intéressement des intermédiaires au recrutement de nouveaux adhérents est interdit et une garantie de reprise des stocks est instaurée ;

-- les particuliers réalisant des travaux immobiliers sont dispensés de l'obligation de cautionnement ;

-- enfin, les directions départementales de la DGCCRF sont habilitées à contrôler les offres d'emploi et les publicités sur l'offre de services concernant les emplois.

### Nouvelles orientations

#### Offrir de nouveaux services

La DGCCRF a entrepris une réflexion pour encourager les entreprises de la distribution et des services à améliorer la qualité de leurs prestations et à offrir des services nouveaux capables de répondre aux nouvelles attentes des consommateurs. Cette démarche a été entreprise dans des secteurs variés tels le commerce, la vente par automates, l'hôtellerie, le tourisme, les services autoroutiers. A la suite d'un rapport du Conseil National de la Consommation sur l'amélioration des services dans le commerce, l'Institut National de la Consommation (INC) s'est vu confier la mission d'élaborer une grille d'indicateurs de qualité.

Plus concrètement, l'idée d'amélioration du service a été à l'origine de mesures réglementaires (extension des réparations obligatoires à la suite du contrôle technique des véhicules, mesures relatives à l'hygiène des établissements préparant des denrées alimentaires, etc.) ou d'actions menées avec les professionnels (mise en place de codes de bonne conduite, encouragement à la certification des produits et services).

La DGCCRF a, par ailleurs, étendu son champ d'activité à de nouveaux secteurs, notamment celui de la santé et du sport.

*De nouveaux champs d'activité*

Outre son intervention traditionnelle en matière de fixation de prix de certains produits ou prestations et de respect des règles de concurrence, la DGCCRF a été à l'origine d'une disposition de la loi du 27 janvier 1993 dite "loi cadeaux" qui vise à moraliser certaines pratiques du secteur de la santé telles l'octroi aux médecins d'avantages en nature ou en espèces en contrepartie de leurs prestations. Elle a également engagé une réflexion avec l'Ordre des Médecins, les syndicats médicaux et les associations de consommateurs pour introduire plus de transparence dans les relations médecins-patients notamment en matière d'honoraires.

Dans le secteur du sport, un groupe de travail sur la sécurité des activités sportives a été mis en place dans le cadre du groupe interministériel de la sécurité domestique. Par ailleurs, la DGCCRF est intervenue pour assurer le bon fonctionnement de ce marché en plein essor. C'est ainsi qu'elle a saisi le Conseil de la concurrence de pratiques mises en oeuvre par un réseau de centres de remise en forme physique (clauses contractuelles d'exclusivité aboutissant à l'établissement d'un tarif unique).

## IV. Information et éducation du consommateur

La réglementation impose à tout vendeur ou prestataire de services de faire connaître publiquement ses prix. Ces règles doivent être actualisées quand les attentes du consommateur ou les besoins des secteurs d'activité évoluent.

L'arrêté du 18 mars 1993 améliore l'information du consommateur sur la viande de boucherie et de charcuterie en harmonisant les dénominations des viandes.

L'indication du prix des objets en métaux précieux et de leur titre en métal précieux exprimé en millième est rendue obligatoire (arrêté du 4 mai 1993).

Les règles d'information sur les prestations funéraires ont été fixées par arrêté du 19 janvier 1994 (information sur les prix, devis gratuit, détaillé, qualité des personnes sous-traitantes, etc.).

L'arrêté du 31 octobre 1994 précise les conditions d'information des usagers sur les tarifs appliqués par les personnes qui mettent à la disposition de leur clientèle des installations téléphoniques ; il prévoit, en l'absence d'un encaissement automatique, la délivrance d'une facture comprenant le forfait de mise à disposition et le nombre d'unités consommées.

## V. Mécanismes de recours et de réclamation

Un arrêté du 20 décembre 1994 prévoit la création de Commissions de Règlement de Litiges de Consommation (CRLC). Ces Commissions associent paritairement des représentants des consommateurs et des professionnels sous une présidence neutre. Mises en place à titre expérimental en 1995 dans dix départements, elles sont chargées de mettre en oeuvre une procédure de conciliation simple, rapide, facile d'accès et gratuite pour le traitement amiable des litiges de consommation (litiges qui opposent des particuliers qui contractent pour un usage non professionnel avec des professionnels).

# Japon

## I.   Budget de la politique à l'égard des consommateurs

Les budgets pour les exercices 1993 et 1994 sont donnés dans le tableau 1 (page suivante).

## II.   Protection physique (sécurité des produits)

*Responsabilité du fait des produits*

La loi sur la responsabilité du fait des produits, promulguée le 1er juillet 1994, entrera en vigueur le 1er juillet 1995. Pour faciliter la mise en oeuvre de ce texte, le gouvernement japonais informe le public sur son contenu et organise un système d'enquête sur les causes des accidents et un dispositif de résolution à l'amiable des conflits.

*Produits alimentaires, etc.*

Afin de veiller à la sécurité des produits alimentaires, les règlements suivants ont été pris conformément à la loi sur l'hygiène alimentaire : *i)* contrôle de la fabrication et de la vente de produits alimentaires et d'additifs ; *ii)* élaboration de normes, spécifications et prescriptions d'étiquetage pour ces produits ; *iii)* contrôle des installations, par exemple  les restaurants. Les autorités procèdent aux inspections et mesures d'observation nécessaires pour l'application de ces règlements.

Pour assurer l'innocuité des produits de l'agriculture, de la sylviculture, de l'élevage et de la pêche, l'utilisation de pesticides et d'aliments pour animaux est réglementée.

Conformément à la loi sur l'hygiène alimentaire, le ministère de la Santé et des Affaires Sociales (MHW) fixe des normes pour les quantités de pesticides résiduels dans les produits agricoles. Les normes concernant les résidus de

Tableau 1. **Budget récapitulatif de l'action des pouvoirs publics à l'égard des consommateurs** (en milliers de yen)

| Rubrique | Exercice budgétaire 1993 | Exercice budgétaire 1994 |
|---|---|---|
| Prévention des accidents | 4 755 920 | 6 605 265 |
| Mesures exactes du poids | 2 142 | 2 106 |
| Normalisation | 721 275 | 748 908 |
| Description correcte | 461 554 | 431 026 |
| Mise en place de conditions propres à garantir une concurrence loyale | 326 150 | 384 006 |
| Clauses de contrat équitables et justes | 207 670 | 206 291 |
| Éducation des consommateurs | 3 511 359 | 3 955 297 |
| Expression de l'opinion des consommateurs | 102 781 | 101 420 |
| Amélioration des dispositifs de tests et de contrôle | 190 363 | 174 652 |
| Amélioration du système de traitement des réclamations | 167 727 | 383 246 |
| Organisation des consommateurs | 138 623 | 138 623 |
| Autres | 4 368 055 | 4 730 366 |
| Centre japonais d'information des consommateurs | (2 354 440) | (2 497 992) |
| Promotions de la politique de la consommation au niveau local | (251 294) | (262 367) |
| **Total** | **14 943 619** | **17 861 206** |

103 pesticides ont été fixées pour environ 130 produits agricoles (janvier 1995). La loi régissant les produits chimiques agricoles énonce des normes pour le retrait de l'homologation de 307 produits chimiques agricoles. Elle fixe également des normes d'application inoffensive pour 77 des 103 produits chimiques agricoles dont les quantités résiduelles maximales sont fixées par la loi sur l'hygiène

alimentaire, et donne aussi des instructions pour l'utilisation d'autres produits chimiques agricoles.

### Médicaments, etc.

Afin de veiller à la qualité, à l'efficacité et à la sécurité des médicaments, quasi-médicaments, cosmétiques et instruments médicaux, la fabrication, l'importation et la vente sont réglementées par la loi sur les activités pharmaceutiques.

La fabrication et l'importation des médicaments sont autorisées après un examen rigoureux de leur efficacité et de leur sécurité. Six ans après l'autorisation, l'efficacité et la sécurité du médicament font l'objet d'une réévaluation et par la suite elles sont réexaminées tous les cinq ans.

Pour les médicaments, le MHW a établi le règlement sur les bonnes pratiques de fabrication (GMP) afin d'assurer la qualité des produits.

Le MHW s'efforce de recueillir des données sur les effets nocifs des médicaments auprès de nombreuses sources, notamment : i) le système de surveillance de ces effets secondaires ; et ii) le système de surveillance des pharmacies ; iii) les rapports des fabricants de médicaments ; iv) le Programme international de pharmacovigilance de l'OMS, et il diffuse ces informations auprès du personnel médical après évaluation.

En juin 1994, les dispositions relatives aux appareils médicaux contenues dans la loi sur les activités pharmaceutiques ont été amendées pour développer les mesures de contrôle après vente, promouvoir une utilisation rationnelle et mettre en place la réglementation GMP. Ces dispositions amendées entreront en vigueur en 1995.

### Produits de consommation

La loi sur la sécurité des produits de consommation a deux objectifs principaux : i) interdiction par le gouvernement des produits dangereux (marque SG obligatoire) ; et ii) encouragement au secteur privé pour qu'il prenne lui-même des mesures afin de garantir et d'améliorer la sécurité des produits (marque SG volontaire). Le nombre de produits ayant obtenu cette marque SG s'élevait à 107 en janvier 1995.

### *Procédures de rappel*

Au Japon, il existe deux textes de loi sur la sécurité des produits qui prévoient un rappel obligatoire sur ordre du ministre compétent : la loi sur la sécurité des produits de consommation et la loi sur la réglementation des produits ménagers contenant des substances toxiques. A ce jour aucun rappel n'a été ordonné en vertu de ces lois, mais il est arrivé que des fabricants et distributeurs prennent volontairement une décision dans ce sens.

Conformément à la loi sur les véhicules, le ministère des Transports fixe les normes techniques de sécurité pour ces engins.

En ce qui concerne la procédure de rappel pour les véhicules, de nouveaux dispositifs ont été stipulés par la loi révisée sur les véhicules et ajoutés au système de notification des rappels volontaires mis en place en 1969. En vertu de ces systèmes, les fabriquants d'automobiles sont obligés de notifier leurs rappels volontaires au ministère des Transports et celui-ci peut recommander aux fabriquants de rappeler certains véhicules.

### III. Protection de l'intérêt économique du consommateur

#### *Vente directe, etc.*

En ce qui concerne les ventes de porte-à-porte, la loi réglementant ce type de vente, qui a été amendée en 1988, a permis de réduire quelque peu les difficultés qu'il posait aux consommateurs. Toutefois, comme les demandes des consommateurs ont légèrement augmenté ces dernières années, la loi est toujours appliquée rigoureusement. En novembre 1990, pour réglementer la vente de porte-à-porte qui cherche à obtenir une adhésion à un abonnement, des instructions ont été mises au point pour préciser les indications qui doivent figurer dans le document fourni au consommateur lors de la signature d'un contrat. En mai 1991, suite à une augmentation des plaintes, les journaux ont été ajoutés à la liste des articles soumis aux dispositions de cette loi et cette décision est entrée en vigueur en juillet 1991.

En ce qui concerne les ventes en chaîne, comme les plaintes des consommateurs ont légèrement augmenté ces dernières années, l'application rigoureuse de la loi s'est poursuivie avec le concours des ministères concernés.

Quant à la vente par correspondance, bien que les problèmes aient diminué depuis l'amendement de la loi en 1988, celle-ci est toujours appliquée rigoureusement.

*Transactions financières*

En ce qui concerne les problèmes de surendettement, le gouvernement, à partir des rapports fournis par les conseils chargés de cette question, favorise les actions des entreprises en vue d'établir des systèmes d'échange d'informations sur les comptes bancaires, tout en protégeant le droit des consommateurs à la vie privée.

Pour ce qui est de la protection de l'information de caractère privé, le gouvernement continue de donner des conseils aux parties intéressées sur la gestion de l'information relative au crédit à la consommation, conformément à son avis de mars 1986. En novembre 1990, le Centre sur le système d'information du secteur financier a établi une liste de critères que les institutions doivent prendre en compte pour veiller à une gestion rigoureuse des données à caractère privé.

En mars 1988, le Centre japonais de développement du traitement de l'information a formulé des principes sur la protection des renseignements financiers qui sont à la disposition du secteur privé. L'Association japonaise du secteur du crédit à la consommation a émis les mêmes principes.

En novembre 1991, le plafond du taux d'intérêt des prêts (tout taux supérieur est punissable par la loi sur le capital, dépôt et intérêt sur dépôt) a été abaissé à 40.004 pour cent, et les autorités ont veillé scrupuleusement au respect de cette limite.

Pour régler les problèmes causés par la diffusion rapide des cartes de pré-paiement, la loi sur la réglementation des titres à pré-paiement a été promulguée en octobre 1990, les autorités veillant à son application.


*Autres*

La lutte contre les pratiques commerciales frauduleuses a été renforcée. Tous les ans a lieu un "mois de prévention des fraudes à la consommation" dans l'ensemble du pays. D'autre part, afin de protéger les consommateurs contre les pratiques frauduleuses et de prevenir les dommages causés par celles-ci, diverses activités sont organisées pour les consommateurs, par exemple une campagne éducative sur les contrefaçons.

Quant aux entreprises dites "de service continu", c'est-à-dire celles dont l'activité porte sur une période de temps, comme le secteur des cosmétiques, les écoles de langues étrangères, les écoles de soutien, les cours privés, etc., les associations professionnelles de ces branches ont mis au point des règlements volontaires, par exemple des lignes directrices sur les perfectionnements à apporter, des contrats-types, etc., à partir d'un rapport établi par un groupe de recherche non officiel créé au sein du ministère du Commerce International et de l'Industrie (MITI) pour l'amélioration de ces activités. Les ministères compétents travaillent à notifier ces règles volontaires aux entreprises de ces secteurs et aux consommateurs.

## IV.  Information et éducation des consommateurs

*Étiquetage*

En ce qui concerne la révision des indications de base sur les produits alimentaires, la réglementation visant à remplacer "Date de fabrication ou de traitement" et "Date d'importation" par "Date d'expiration" ou "A consommer avant ...", est entrée en vigueur le 1er avril 1995. Les consommateurs, distributeurs et fabricants continueront d'être informés des changements de réglementation.

Le système obligatoire de critères de qualité d'étiquetage et les normes agricoles japonaises facultatives sont mis en oeuvre dans le cadre de la loi sur la normalisation et l'étiquetage des produits agricoles et forestiers. En décembre 1994, il existait 46 normes pour des critères de quantité d'étiquetage et 397 normes agricoles, dont 329 pour les produits alimentaires.

La loi sur la normalisation des produits industriels a pour objet d'améliorer la qualité des produits minéraux et industriels, d'accroître l'efficience de la production et d'instituer des transactions commerciales honnêtes et simplifiées par l'élaboration de normes communes de forme, de dimensions et de qualité ainsi que des méthodes de fabrication, d'utilisation, d'essai et d'inspection. Dans ce but, on a créé les normes industrielles japonaises (JIS) et un label correspondant. Environ 200 produits de consommation sont couverts par ce label, mais tous les produits qui respectent les normes JIS peuvent l'obtenir.

La loi sur le label de qualité pour les biens ménagers aide les consommateurs à choisir ces produits et à les utiliser. Elle cherche à les protéger par un étiquetage honnête. Les biens touchés par cette réglementation  sont choisis pour tenir compte des difficultés des consommateurs et de la nécessité de connaître la qualité de ces biens. Actuellement, 104 produits sont visés.

En ce qui concerne l'étiquetage général, le MITI a élaboré des "principes d'information pour les utilisateurs, etc., des produits de consommation" et "principes pour les indications sur la sécurité des produits et l'étiquetage des produits de consommation" et les diffuse aux associations professionnelles concernées afin de promouvoir l'amélioration des pratiques dans ces domaines.

Le gouvernement a complètement modifié la loi sur les mesures pour tenir compte de l'internationalisation de ces normes, de l'innovation technique et des intérêts des consommateurs. La nouvelle loi a été promulguée le 20 juin 1992 et est entrée en vigueur le 1er novembre 1993. Elle porte principalement sur l'unification des unités légales de mesure conformément au système international, la rationalisation des réglementations concernant les instruments de mesure et la création d'un dispositif en vue de fournir aux utilisateurs des normes permettant de modifier ces appareils, etc.

### Essais comparatifs

Le Centre d'information des consommateurs a mené pendant 1992 des essais comparatifs sur 22 produits, notamment les roues d'automobile à fixation centrale, et pendant 1993 sur 18 produits, notamment les réfrigérateurs utilisant des hydrocarbures chlorofluorés de remplacement. Les résultats de ces essais ont été publiés dans la revue du Centre intitulée *Tashikana Me* (Un oeil critique). La publication du Centre *Informations comparatives relatives à la vie du consommateur*, qui traite des services, méthodes de vente etc., portait en 1993 sur les installations de cure thermale et en 1994 sur une comparaison des services des compagnies aériennes.

L'Association japonaise des consommateurs a mené des essais comparatifs sur la qualité et l'efficacité de 14 produits, notamment les téléphones sans fil, en 1993 et de 14 autres, en particulier les réfrigérateurs, en 1994. Elle a aussi procédé à des tests simples sur des nouveaux produits. Les résultats sont parus dans *Gekkan Shohisha* (magazine mensuel de la consommation) et d'autres publications.

### Services de conseil

Au niveau de l'administration centrale, le ministère de l'Agriculture, de la Sylviculture et de la Pêche a 67 bureaux à son siège et dans ses antennes locales qui s'occupent des réclamations et donnent des consultations ; le MITI a dix bureaux de ce type et le ministère des Transports 101. Le ministère de l'Agriculture a traité 33 546 plaintes entre avril 1993 et mars 1994. Pendant la même période, le MITI a traité 7 499 plaintes et le ministère des Transports 2 711. L'agence de gestion et de coordination a fourni des services consultatifs dans tous les pays et s'est efforcée de protéger l'intérêt des consommateurs dans le règlement de différends sur les biens et services.

Les collectivités locales gèrent des centres d'aide aux consommateurs qui ont pour mission de traiter les plaintes, d'éduquer les acheteurs et d'essayer les produits. En avril 1994 il existait au total 310 centres de ce type au Japon (129 au niveau des préfectures et 181 à celui des municipalités). Ces organismes ont joué un grand rôle dans la mise en oeuvre de la politique de la consommation à l'échelle locale.

### Médias

Les ministères et organes officiels continuent de fournir aux consommateurs des informations sur les diverses mesures de protection et sur les contrats concernant les biens et services. Cette information est diffusée par divers médias, notamment la télévision, et par des brochures.

### Autres activités d'information

Le Centre d'information des consommateurs et les centres locaux, pour améliorer la qualité de la vie, informent les consommateurs par divers moyens, notamment des périodiques, expositions, conférences par les médias. Cette année le Centre commencera à communiquer ses informations par télématique.

De son côté le MITI informe les consommateurs sur la sécurité des produits, la qualité des biens et des services et l'honnêteté des clauses de contrats par la télévision et la diffusion de brochures, afin que les consommateurs puissent choisir en toute connaissance de cause et améliorer ainsi leur niveau de vie.

En 1988, à l'occasion du vingtième anniversaire de l'entrée en vigueur de la loi d'orientation sur la protection des consommateurs, le gouvernement a décidé que le mois de mai serait chaque année *Mois de la consommation*. L'Agence de planification économique mène diverses activités pendant ce mois en prenant un thème différent chaque année. Il s'agit notamment d'une conférence nationale sur les problèmes de la consommation, de la distribution d'affiches et de manuels et d'actions publicitaires dans les journaux, la télévision, etc. En outre, les collectivités locales organisent des conférences, des colloques et expositions, et distribuent des prospectus et brochures.

### Éducation des consommateurs

Conformément aux programmes officiels, l'éducation des consommateurs est donnée principalement dans le cadre des cours de sciences sociales et d'enseignement ménager en tenant compte des stades de développement des enfants, au niveau du primaire, du premier cycle et du deuxième cycle du secondaire. En mars 1989, le ministère de l'Éducation, de la Science et de la Culture a modifié les programmes pour donner plus de place à l'éducation des consommateurs. Ces cours ont été progressivement mis en place depuis 1992 à partir du niveau de l'école primaire.

Les dirigeants des associations des consommateurs jouent dans ces activités d'éducation un grand rôle, qui s'est encore accru avec l'évolution de la société. En conséquence, les préfectures, certaines villes choisies à cet effet et le Centre d'information du consommateur s'efforcent de former ces dirigeants en leur offrant un enseignement post-scolaire.

Afin de favoriser l'éducation des consommateurs par une coopération entre universités, associations, entreprises volontaires, etc., le Centre d'aide pour l'éducation des consommateurs a été créé en février 1990 sous les auspices de l'Agence de planification économique et du ministère de l'Éducation, de la Science et de la Culture. Les activités de ce Centre comprennent la recherche, l'organisation de séminaires et colloques, la rédaction des manuels et la préparation du matériel d'enseignement et la création de réseaux d'informations nationaux et internationaux.

## V.  Mécanismes de recours et de réclamations

La plupart des plaintes concernant les biens et services sont réglées par voie de négociation entre les consommateurs et les entreprises, magasins, agances de vente et distributeurs. Le Centre d'information du consommateur et les centres locaux ont traité 429 491 plaintes entre avril 1993 et mars 1994.

L'Association pour la sécurité des produits de consommation accorde le label SG aux produits conformes aux normes. Quand un accident est provoqué par un produit défectueux portant le label SG, le consommateur a droit à indemnisation. Le montant total des indemnités versées en 1994 s'élevait à 21 603 000 yen pour 38 cas. A fin janvier 1995, 83 types de produits portent le label SG (neuf des 107 catégories de produits pour lesquels les normes sont déjà fixées attendent encore l'autorisation de porter ce label).

Une campagne a été lancée pour faire connaître au public l'existence d'un "Fonds de secours aux victimes des effets nocifs des médicaments" et pour indemniser les personnes qui ont subi des troubles de cet ordre. Au cours de 1992, sur les 203 demandes soumises, 199 ont été acceptées. Pour 1993, la proposition a été de 176 sur 202.

## VI. Relation entre la politique à l'égard des consommateurs et d'autres aspects de la politique gouvernementale

### *Politique de la concurrence*

La Commission pour la loyauté des pratiques commerciales (FTC) s'efforce de faire rigoureusement respecter la loi anti-monopole afin de préserver et d'encourager une concurrence libre et loyale. En cas de violation de cette loi, la FTC rend une ordonnance de ne pas faire visant ces activités illégales. Pendant 1993, elle a émis 21 injonctions de ce type.

La FTC peut aussi prononcer des avertissements ou des ordonnances en cas d'offre de primes excessives ou de représentations trompeuses en vertu de la loi relative à ces infractions. Trois ordonnances de ne pas faire ont été prises pendant 1993 et aucune en 1994 ; en 1993, cinq ont concerné les représentations et 13 en 1994 ; le nombre total a été de huit en 1993 et 13 en 1994.

Le Code de la concurrence loyale, ensemble de règles volontaires appliquées par les entreprises en matière de primes excessives et de représentations trompeuses sert les intérêts des consommateurs. En décembre 1994, 51 codes pour les primes et 108 pour les représentations avaient reçu l'agrément de la FTC.

# Mexique

## I. Évolution d'ordre institutionnel

Au cours des dernières années, l'économie mexicaine est passée par un vaste processus de réforme structurelle destinée à l'incorporer dans le champ mondial des échanges. La transformation macro-économique a entraîné l'examen approfondi des cadres juridiques et institutionnels de pratiquement chaque secteur de l'économie -- dont les structures juridiques et institutionnelles et les lignes d'action ainsi que les modalités d'application dans le domaine de la protection du consommateur.

Deux nouvelles lois intéressant directement le domaine de la protection du consommateur (la loi fédérale sur la protection du consommateur et la loi fédérale sur la métrologie et la normalisation) ont été réexaminées et approuvées par le Congrès à la fin de 1992. Au cours des deux dernières années (1993 et 1994), des mesures ont été prises en vue de la réorganisation des institutions existantes et des programmes d'action, ainsi que de la mise en place et du lancement des nouveaux organismes et programmes créés par ces nouvelles lois. On trouvera ci-après un bref exposé des principaux principes et objectifs d'orientation des lois en cause et des premières mesures en voie d'exécution en vue de leur mise en oeuvre.

En 1992, la loi fédérale mexicaine sur la protection du consommateur a fait l'objet d'un examen. La nouvelle version de cette loi vise à protéger le consommateur contre les omissions, les fautes et les intentions de nuire de la part des fournisseurs et contre les risques pour la santé et la sécurité liés à l'utilisation des produits ou services destinés au consommateur. La nouvelle loi définit les obligations du fournisseur à l'égard du consommateur avant, pendant ou après la conclusion d'une opération commerciale ou de la fourniture de services au consommateur. La loi susvisée contient des orientations générales touchant les éléments suivants :

-- le contenu, la clarté, l'authenticité et l'intention de l'information commerciale (publicité, mode d'emploi, étiquetage des produits, etc.) ;

-- l'élaboration et l'application des contrats ;

-- les règles de conduite en matière de pratiques commerciales (contrats, campagnes de vente, retour des produits et services après-vente, etc.) et de divers types de techniques de commercialisation ; et

-- les définitions de divers mécanismes pour le règlement des différends et les recours des consommateurs.

Une loi modifiée régissant la métrologie et la normalisation au Mexique a également été adoptée en 1992. Les lois fédérales sur la protection du consommateur et sur la métrologie et la normalisation ont constitué ensemble le fondement de la surveillance des activités productives et commerciales dans le pays sous des modalités compatibles avec les autres économies actives sur les marchés internationaux. L'adoption des deux lois en cause a marqué un tournant spectaculaire dans le cadre des activités de normalisation et de certification au Mexique.

## II.  Protection physique (sécurité des produits)

Au cours de la période examinée, les autorités mexicaines ont pris les mesures ci-après dans le domaine de la sécurité du consommateur :

Une étude a été réalisée au sujet de la multiplication des accidents au Mexique, une attention particulière étant apportée aux accidents liés à l'utilisation de produits de consommation. Les résultats de cette étude constitueront la base de la mise en place d'un système d'information dans ce domaine, dont il est prévu qu'il serait mis en service en 1995.

Des normes de sécurité ont été mises au point et adoptées pour les produits de consommation suivants :

-- jouets ;
-- appareils électroniques et électriques ;
-- poêles à gaz et installations de chauffage ; et
-- pneus.

## III.  Protection de l'intérêt économique du consommateur

Le nouveau système juridique et administratif du Mexique prévoit la formulation de normes obligatoires "Normas Oficiales Mexicanas" (NMO) (Normes mexicaines officielles), répondant aux objectifs suivantes :

-- veiller à la santé et à la sécurité des consommateurs et du public en général ;

-- faire obstacle à l'altération de l'environnement ; et

-- sauvegarder les intérêts du public dans le cadre de l'utilisation et de l'exploitation des moyens et des canaux de communication.

De plus, afin de protéger l'intérêt du consommateur, les nouvelles lois habilitent le ministère du Commerce et de l'Industrie à établir les types suivants de normes obligatoires :

-- normes de sécurité ;

-- poids et mesures types ; et

-- normes régissant l'information commerciale et les méthodes commerciales utilisées pour la vente de biens et de services au consommateur.

Des exemples de normes de ce type concernant spécialement les consommateurs sont notamment : la Norme officielle mexicaine régissant les opérations de "temps partagé" ; la NMO régissant l'étiquetage des produits de consommation importés ; et la norme obligatoire pour les opérations de vente conclues en dehors de l'établissement commercial (qui vise non seulement la vente plus traditionnelle au porte à porte mais également les ventes par téléphone, le publipostage, la commercialisation télévisée et par vidéotex).

Le ministère du Commerce et de l'Industrie (SECOFI) et d'autres instances sont également autorisés à vérifier et à certifier le respect des Normes mexicaines officielles. La souplesse et l'étendue du nouveau processus de normalisation au Mexique en font un instrument venant à son heure et puissant pour la protection des intérêts du consommateur.

En 1993 et en 1994, le SECOFI a publié la version définitive et approuvée de 45 Normes mexicaines officielles traitant spécifiquement des questions intéressant la protection du consommateur, et il préside actuellement le débat sur huit avant-projets dans ce domaine. Sur les 45 NMO intéressant spécialement les consommateurs et déjà en vigueur, cinq -- formulées par le Sous-comité sur les pratiques commerciales -- régissent les services au consommateur. Les cinq normes obligatoires régissent les aspects relatifs à la protection du consommateur dans les domaines suivants :

-- opérations en "temps partagé" ;

-- opérations auxquelles des consommateurs sont parties et effectuées en dehors d'un établissement commercial (vente à distance) ;

-- promotions de vente fondées sur la chance (jeux de hasard, tombolas, etc.) ;

-- exigences contractuelles pour les programmes collectifs de financement ; et

-- services funéraires.

## IV. Information et éducation du consommateur

Une étude a été réalisée au sujet du respect de la législation et de la réglementation mexicaines régissant la publicité. Les résultats de cette étude ont fait apparaître que, dans une mesure considérable, la législation existante n'était pas respectée, et une proposition a été soumise en vue d'une collaboration étroite entre les pouvoirs publics et les médias, les annonceurs et les agences de publicité en vue de la mise au point de mécanismes d'autoréglementation efficace.

En ce qui concerne l'information commerciale, au cours de la période examinée, plusieurs projets de normes destinées à établir des exigences claires dans ce domaine ont été élaborés et présentés à des fins de consultation et d'approbation. Ces projets de normes définissent la forme et la quantité d'informations à fournir aux consommateurs potentiels des biens et des services suivants :

-- services de crédits commerciaux ;

-- services médicaux privés ;

-- services de réparation des voitures ;

-- services de nettoyage à sec et de blanchisserie ; et

-- services de réparation d'appareils électriques et électroniques.

Dans le domaine de l'éducation du consommateur, une étude a été réalisée en 1994, au sujet du répertoire des moyens pédagogiques de l'agence nationale pour la protection du consommateur (dont un magazine mensuel, un quotidien, des spots télévisés et radiophoniques, etc.), de leur incidence en termes de contacts avec le consommateur et d'influence sur leurs habitudes et décisions d'achat, ainsi que de la rentabilité de ces moyens par rapport aux autres moyens de communication possibles.

## V. Mécanismes de recours et de réclamation

L'Agence mexicaine fédérale pour la protection du consommateur (PROFECO) est saisie et connaît des plaintes des consommateurs par l'intermédiaire de 59 bureaux régionaux et locaux et propose des services de médiation, de conciliation et d'arbitrage aux consommateurs demandant réparation. La nouvelle loi fédérale sur la protection du consommateur habilite également le ministère du Commerce et de l'Industrie (SECOFI) à établir et à gérer un répertoire d'arbitres privés, pouvant constituer un autre recours pour l'aplanissement des différends entre les consommateurs et les fournisseurs. Le SECOFI a présenté un avant-projet administratif et opérationnel de ce système, et il attend son approbation définitive.

## VI. Relation entre la politique à l'égard des consommatmeurs et les autres aspects de la politique gouvernementale

La principale différence entre les mécanismes de normalisation antérieurs et actuels du Mexique tient à ce que, sous le régime actuel, les secteurs public et privé collaborent à la mise au point de normes et à la certification du respect de ces normes. Avant 1992, la mise au point des normes et leur certification incombaient essentiellement au gouvernement fédéral, ce qui laissait au secteur privé le soin de respecter les décisions officielles. On imagine aisément à quel point le mécanisme antérieur de normalisation était arbitraire et inefficace.

Une autre différence tient à ce que le régime antérieur n'autorisait la formulation de normes que pour les produits ou les techniques de production, alors que la nouvelle législation permet également la mise au point de normes et leur application pour les services fournis au consommateur.

Il importe également de relever que la législation mexicaine actuelle met en place deux systèmes de normalisation analogues : le premier régit la mise au point et l'application des normes mexicaines officielles (NMO), qui sont impératives par nature, alors que le deuxième comporte la formulation et l'application de normes mexicaines facultatives (NMF). Celles-ci servent a définir le niveau qualitatif ainsi que diverses caractéristiques des produits ou des services.

## VII. Conclusions

Au cours de ces quelques dernières années, le Mexique s'est assigné pour mission la réorganisation de l'économie. Un important aspect de la politique macro-économique du pays est l'accent placé sur les mesures visant à veiller à l'action du pays sur les marchés mondiaux et à sa présence dans les organismes internationaux soutenant le développement économique et les échanges avec l'étranger. Ces objectifs ne peuvent nécessairement être atteints que dans le cadre d'une remise en cause approfondie des structures juridiques et institutionnelles du Mexique dans les domaines de la protection du consommateur en général, de la mise au point et de l'application de règles concernant spécialement les consommateurs et dans d'autres domaines vitaux.

*Mexique*

Au cours du premier semestre 1995, les fondements d'une refonte juridique et institutionnelle seront mis en place au Mexique, et la mise en oeuvre des mécanismes de mise au point de normes -- qui a entraîné un réexamen de centaines de normes préexistantes et la formulation d'un nombre similaire de nouvelles normes -- avance rapidement. Plusieurs nouvelles normes ont été mises au point et approuvées en ce qui concerne la protection du consommateur tant pour les produits que pour les services -- soit un domaine auparavant laissé à l'écart de la normalisation. La sécurité du consommateur et les programmes éducatifs reçoivent également une attention accrue, dans le cadre des efforts que le Mexique déploie pour devenir de plus en plus compétitif sur le marché mondial.

# Norvège

## I. Évolution d'ordre institutionnel

### Mise en oeuvre de la législation relative à l'EEE

Le ministère de l'Enfance et des Affaires familiales a présenté un projet de loi sur les voyages à forfait. On espère qu'il sera adopté par le Parlement dans le courant du printemps 1995.

Du fait de la directive sur les clauses contractuelles déloyales, quelques modifications mineures ont été apportées à la loi sur le contrôle général. Cette directive vise aussi la loi sur le contrôle de la commercialisation (qui relève de la compétence du ministère de l'Enfance et des Affaires familiales). Il n'a pas été jugé nécessaire d'apporter des modifications à ce dernier texte, mais dans les considérants du projet de loi, la définition du terme "consommateur" a été élargie.

Il n'existe pas en Norvège de loi spécifique applicable aux contrats à temps partagé. On estime depuis longtemps qu'une législation de ce genre est nécessaire, mais il a été jugé préférable attendre l'adoption de la directive communautaire correspondante. Cette directive a été adoptée en octobre 1994, et les travaux législatifs vont commencer incessamment.

La directive sur les jouets sera mise en oeuvre en 1995 à l'exception des dispositions concernant les aspects chimiques pour qui sont immédiatement applicables.

Les responsables ont estimé que les conditions prescrites dans la Directive sur la sécurité générale des produits étaient couvertes par la loi en vigueur sur le contrôle des produits et qu'il n'y avait pas lieu de les modifier.

La mise en oeuvre du Règlement communautaire sur le contrôle aux frontières des produits importés de pays tiers fait l'objet d'un examen et débouchera probablement sur une réglementation.

Norvège

*Autres questions législatives*

D'autres modifications éventuelles de la loi sur le contrôle de la commercialisation, en dehors même de l'Accord EEE, ont été examinées à deux titres :

Le ministère de l'Enfance et des Affaires familiales a élaboré un projet de loi qui tend à renforcer le système de sanctions, l'objectif étant en particulier d'établir des modalités qui permettraient d'empêcher des infractions répétées à la loi. Il est proposé d'introduire une "amende sous condition" -- analogue à celle qui existe déjà dans les lois suédoise et finlandaise, mais avec quelques légères modifications. Une amende de ce genre peut être fixée lorsqu'une activité de commercialisation est jugée contraire à la loi, mais elle ne sera effective que s'il y a récidive.

La commission désignée pour évaluer d'autres éléments de la loi sur le contrôle de la commercialisation a présenté son rapport. Son enquête porte en particulier sur :

-- les amendements à la clause générale, laquelle serait élargie aux bonnes pratiques commerciales et comporterait des dispositions plus détaillées en ce qui concerne la présentation ; et

-- l'interdiction des primes, des loteries, etc., notamment en tant que rabais.

Le ministère de l'Enfance et des Affaires familiales prépare actuellement une réglementation sur la sécurité des équipements des terrains de jeux.


## II.   Protection physique (sécurité des produits)

Un organisme externe chargé de la sécurité des consommateurs a été récemment mis en place, dans le cadre de la nouvelle Division sur la sécurité des consommateurs intégrée dans l'Inspection du réseau d'électricité, qui disposait déjà d'un réseau local d'inspecteurs réputés pouvoir suivre aussi d'autres questions visant la sécurité des consommateurs. (De plus, les services assurant les activités de contrôle devront être également organisés avec un personnel extérieur.) Les directeurs de cette division ont été désignés. On procède actuellement au recrutement de cinq à six autres personnes et la division va peu à peu devenir opérationnelle au cours de cette année.

Une commission gouvernementale chargée d'enquêter sur les organismes responsables des affaires intéressant les consommateurs (le Conseil de la consommation, le Médiateur des consommateurs, l'Institut national de recherche sur la consommation, le Comité chargé de régler les litiges des consommateurs, la Cour du marché, la Fondation pour l'éco-étiquetage) qui relève de la responsabilité du ministère a été créée. L'organisation et les statuts actuels seront examinés en vue de mieux répartir les rôles entre les instances chargées des intérêts des consommateurs, l'organisme professionnel indépendant (normalisation, règlement des litiges, recherche, éco-étiquetage) et l'organe d'exécution. La commission doit remettre son rapport d'ici le 1er juillet 1995.

### III.  Protection de l'intérêt économique du consommateur

La loi norvégienne sur la structure de la dette est entrée en vigueur le 1er janvier 1993. Cette loi vise à donner aux particuliers en proie à de sérieux problèmes d'endettement la possibilité de contrôler leurs finances, à faire en sorte que le débiteur rembourse la partie la plus large possible de ses engagements et la veiller à ce que les actifs soient répartis de façon rationnelle entre les créanciers. Les dispositions de la loi visent à inciter les parties à rechercher à un arrangement volontaire, les créanciers sachant qu'au besoin, il sera recouru à l'exécution. En 1993, le Tribunal d'exécution a été saisi de 1 101 affaires ; en 1994, ce chiffre était de 2 076.

La loi sur la structure de la dette s'applique uniquement au petit nombre de personnes qui sont confrontées actuellement à des problèmes d'endettement. Aux termes de la loi sur la sécurité sociale, les services sociaux municipaux ont pour mission de donner à chaque individu des avis, des informations et des conseils, afin de régler ou de prévenir les problèmes d'endettement. Pour améliorer le service proposé par les autorités locales, le Gouvernement a, pendant deux ans, financé et exploité 20 postes dans les bureaux des mairies dont les tâches principales sont les suivantes :

-- inciter les autorités locales à examiner les problèmes d'endettement ;

-- aider les autorités municipales à organiser leurs services de consultation ;

-- élargir l'expérience des municipalités en matière de législation et de consultations financières ; et

-- encourager la coordination et la coopération entre les diverses parties amenées à avoir des relations d'affaires avec des personnes endettées (création de réseaux locaux).

### IV.  Information et éducation des consommateurs

En 1993, une Conférence européenne sur l'éducation des consommateurs dans les écoles a été organisée à Stockholm à l'initiative du Conseil nordique des ministres de la Consommation. Les représentants de 18 pays ont confirmé que l'éducation des consommateurs devait être intégrée dans certaines matières tels que l'économie ménagère, l'influence de la publicité, la consommation et l'environnement. L'éducation doit développer chez les élèves la capacité d'agir comme des consommateurs à l'esprit critique, conscients et indépendants. Au nombre des résultats de la conférence, on citera l'établissement du Réseau européen des éducateurs des consommateurs qui publie son propre bulletin, *NICE-Mail*.

Une nouvelle matière, "L'économie et le traitement de l'information", a été inscrite au programme des écoles norvégiennes d'enseignement secondaire. Outre qu'ils se familiarisent avec la terminologie économique générale et avec leurs droits en tant que consommateurs, les élèves sont informés de la nécessité de planifier leur propre budget, en tant qu'adolescents et jeunes parents à un stade de leur vie où ils sont financièrement vulnérables. Pour enseigner cette nouvelle matière, on utilise les nouvelles technologies de l'information permettant de gérer les budgets et les calculs complexes en général. Les écoles ont en particulier la possibilité d'utiliser un système de planification budgétaire fondé sur l'informatique, mis au point par l'Institut national de recherche sur la consommation. Cet enseignement recourra également à des sources externes d'information telles que les banques locales, les conseillers financiers et les autorités locales.

A l'occasion de la réforme de l'enseignement élémentaire et secondaire menée sous les auspices du ministère de l'Éducation, de la Recherche et des Affaires Religieuses, et qui sera effective à partir de 1997, le ministère de l'Enfance et des Affaires familiales a insisté pour qu'il soit donné plus de place à l'éducation des consommateurs. Certains sujets tels que les droits des consommateurs, l'économie familiale et individuelle, la publicité et la commercialisation, la consommation et l'environnement, la sécurité des produits, la nourriture et l'alimentation, se verront attribuer plus de place dans certains programmes d'études. Autres thèmes importants d'étude : la familiarisation avec l'utilisation des services publics et l'utilisation des nouvelles technologies de l'information à l'école et hors de l'école.

### *Éco-étiquetage*

Il a été décidé de faire de la Fondation norvégienne pour l'éco-étiquetage, qui administre au plan national le Label écologique nordique ("Le cygne blanc nordique"), l'instance nationale compétente qui aura pour mission d'assumer les tâches et obligations nationales qui découlent de la participation au système d'éco-étiquetage de l'Union européenne.

Les systèmes de décision et d'administration du Label écologique nordique ont fait l'objet d'une enquête afin d'en améliorer l'efficacité, grâce notamment à l'adoption de nouveaux critères.

Le premier produit à recevoir le label Cygne blanc en Norvège a été le papier-copie, suivi en 1993 par la poudre de lavage. Peu à peu, ce label a été attribué à plusieurs nouveaux produits, notamment le papier à écrire, les enveloppes, les recharges laser, les lave-vaisselle, les piles rechargeables, les lave-linge, la presse, les tondeuses à gazon et les moteurs marins. Cette procédure a suscité un très vif intérêt parmi les fabricants. L'expérience a montré que lorsqu'un fabricant opérant dans une branche d'activité recevrait le label Cygne blanc, ses concurrents lui emboîtaient rapidement le pas. Actuellement, plus de deux consommateurs norvégiens sur trois connaissent ce label.

*Médias*

Les questions intéressant la politique à l'égard des consommateurs sont examinées régulièrement dans des programmes de télévision spécialisés. Les journaux évoquent très souvent les questions intéressant les consommateurs, qu'il s'agisse de cas particuliers ou d'affaires d'intérêt plus général. La revue mensuelle publiée par le Conseil norvégien de la consommation est lue par un très grand nombre de personnes (bien que le nombre d'abonnements soit en diminution), et elle est citée et commentée dans les médias. Le Conseil de la consommation joue lui aussi un rôle déterminant en publiant et diffusant un grand nombre de brochures et autres documents qui traitent de différentes questions intéressant les consommateurs.

## V.    Relations entre la politique à l'égard des consommateurs et les autres aspects de la politique gouvernementale

La Norvège cherche à établir des liens plus étroits entre l'information écologique et les essais en matière de produits. Les résultats peuvent notamment être utilisés pour vérifier les argumentaires publicitaires qui sans cela auraient pu être interdits par les instances de contrôle. Le Médiateur des consommateurs a également publié des principes directeurs sur l'utilisation des arguments écologiques dans la commercialisation.

Dans le cadre du "Programme des marchés publics", le ministère de l'Environnement est responsable du projet "Acheter Vert". L'objectif est de favoriser les achats en accord avec le principe d'une consommation plus durable, de réagir aux contraintes en matière d'environnement et de constituer un exemple pour la société en général. Jusqu'à présent, le projet a donné lieu à des propositions relatives à des critères et des principes directeurs dans ce domaine. Il est également question de réviser la politique et les pratiques de chaque ministère en matière d'achats.

# Nouvelle-Zélande

## I.  Évolution d'ordre institutionnel

Le ministère de la Consommation, créé officiellement le 1er juillet 1986, est une division fonctionnelle du ministère du Commerce. Il incombe cependant au ministre de la Consommation de définir les grandes orientations de la politique à l'égard des consommateurs.

Le ministère de la Consommation a pour mission de contribuer à la prospérité des néo-zélandais en créant un marché équitable et informé pour les consommateurs. Il doit faire en sorte :

-- que les consommateurs puissent efficacement jouer leur rôle sur le marché dans des conditions d'équité ;

-- que les consommateurs soient protégés par le biais de réglementations et/ou d'autres mesures contre les pratiques trompeuses, déraisonnables et critiquables et contre les produits dangereux ;

-- que les consommateurs soient bien informés et puissent exercer leurs choix dans les meilleures conditions ;

-- que les opérations entre les consommateurs et les entreprises s'effectuent à l'avantage et à la satisfaction des deux parties ;

-- que les droits et obligations de chacun soient connus et mis en oeuvre ; et

-- que chacun puisse facilement et efficacement faire respecter ses droits et obtenir réparation.

Le ministère de la Consommation a en charge trois domaines : la politique de la consommation (y compris la sécurité des produits) ; l'information et l'éducation ; et les poids et mesures. Son budget annuel est de l'ordre de 4.4 millions de dollars néo-zélandais, et il emploie 43 agents. Il administre la loi

119

de 1986 sur la loyauté dans le commerce ainsi que la loi de 1987 sur les poids et mesures et ses règlements d'application.

Le Parti National, qui a remporté les élections de 1993, a poursuivi la politique d'ouverture des marchés et de déréglementation. En ce qui concerne la politique de la consommation, le gouvernement a maintenu en fonction Mme Katherine O'Regan comme ministre de la Consommation et s'est attaché à réformer la réglementation des opérations d'après-vente et du crédit.

## II. Protection physique (sécurité des produits)

La loi de 1986 sur la loyauté dans le commerce prévoit l'adoption de normes en matière d'information des consommateurs et contient des dispositions ayant trait à la sécurité des produits et des services (elle interdit également les comportements dolosifs, mensongers et trompeurs ainsi que les pratiques commerciales déloyales). En vertu des parties III et IV de cette loi, le ministre de la Consommation peut recommander la promulgation de normes de sécurité des produits, déclarer que des marchandises sont dangereuses (en les interdisant) et obliger les vendeurs à retirer du marché les produits qui ne sont pas conformes à une norme de sécurité ou qui font courir de quelque autre manière un risque au public. Sont assimilés à des importations interdites tous les produits non conformes aux normes de sécurité, les produits déclarés dangereux ou les produits faisant l'objet de retraits obligatoires.

Au cours de la période examinée, le ministère a reçu 154 rapports concernant des produits censés être dangereux. C'est la Commission du commerce qui est compétente pour les réglementations, relatives notamment à la sécurité des produits, adoptées en vertu de la loi sur la loyauté dans le commerce. C'est pourquoi certains des rapports reçus par le ministère sont transmis à d'autres instances, pour action. Au cours de la période examinée, le ministère a saisi ainsi à 39 reprises d'autres instances.

Une procédure d'évaluation des risques a été mise en oeuvre pour tous les rapports concernant la sécurité des produits qui ont été reçus par le ministère. Cette procédure consiste en une notation cumulée de quatre facteurs (dommage potentiel maximum, probabilité d'accident, probabilité d'identification du risque et diffusion du produit), le risque étant chiffré par le procédé du nomogramme. Cette procédure permet au ministère de définir ses priorités.

En 1993 et 1994, aucun produit n'a été interdit et aucune nouvelle norme de sécurité n'est entrée en vigueur. Toutefois, conformément à sa politique visant à encourager les accords sectoriels volontaires, le ministère a continué de collaborer avec les entreprises à la mise au point de normes sectorielles pour plusieurs produits, notamment les landaus et poussettes, trotte-bébé et berceaux. Divers produits ont été retirés volontairement de la vente par les producteurs en 1993 et en 1994 : un radiateur à ventilation, des bouteilles d'eau minérale, deux types de dispositifs de retenue pour sièges d'enfants et un téléviseur.

Au cours de la période examinée, le ministère a mis l'accent sur l'éducation des consommateurs et des commerçants ; il a publié des brochures consacrées aux vêtements de nuit pour enfants, aux travaux du département du ministère chargé de la sécurité des produits, à la marche à suivre pour retirer un produit de la vente, et à l'achat et à l'utilisation de meubles pour enfants. Le département de la sécurité des produits a lancé également une campagne pour la sécurité des jacuzzis.

Le ministre a continué de diffuser des informations aux membres des réseaux de sécurité des produits par le biais de son bulletin et de communiqués.

## III. Protection de l'interêt économique du consommateur

A la suite de la déréglementation du secteur des télécommunications en 1990, Telecom New Zealand a conclu un accord avec le ministère de la consommation pour la publication de six indicateurs mensuels de qualité des services téléphoniques intérieurs. Ces indicateurs s'inspirent d'un ensemble international d'indicateurs qui ont été adaptés au contexte néo-zélandais. Au cours de la période considérée, les indicateurs ont mesuré la fourniture du service, l'efficacité des renseignements, les défectuosités, l'encombrement du réseau, la diffusion des publiphones électroniques et les réclamations ; en général les résultats sont bons et en amélioration. (Ces derniers temps, certains indicateurs sont toutefois en baisse et un examen est en cours.)

Le ministère a continué d'exercer sa mission de suivi de la loi sur la loyauté dans le commerce en tant qu'instance chargée d'administrer cette loi. C'est à la Commission du commerce qu'il incombe de poursuivre les entreprises contrevenantes. Durant la période considérée, des poursuites ont été intentées pour publicité déloyale et étiquetage incorrect de vêtements.

### Loi de 1993 sur les garanties du consommateur

L'adoption de la loi de 1993 sur les garanties du consommateur constitue un fait majeur. Cette loi est entrée en vigueur le 1er avril 1994. Jusqu'à cette entrée en vigueur, le seul texte relevant de la réglementation après-vente qui protégeait le consommateur sur le plan de la qualité était la loi de 1908 sur la vente de marchandises, qui obligeait le vendeur à commercialiser des marchandises de qualité marchande. Cette notion était conçue pour les situations dans lesquelles l'acheteur avait l'intention de revendre la marchandise et non de l'utiliser. La loi sur les garanties du consommateur vise l'achat de biens et services effectué habituellement à des fins d'utilisation par une personne ou un ménage. L'une des principales caractéristiques de cette loi est de régir tant les services que les biens.

En ce qui concerne les biens, les garanties dont bénéficie le consommateur sont les suivantes :

-- le commerçant a le droit de vendre des biens ;

-- les biens sont libres de toute sûreté occulte ;

-- les biens doivent être de qualité acceptable ;

-- les biens doivent être conformes à leur désignation ;

-- le prix doit être raisonnable (lorsqu'il n'a pas été fixé au départ ou stipulé dans un contrat) ;

-- lorsque des biens sont vendus pour la première fois à un consommateur en Nouvelle-Zélande, le fabricant, l'importateur ou le distributeur doit faire en sorte que des pièces de rechange et des possibilités de réparation soient offertes pendant un délai raisonnable.

En ce qui concerne les services, les garanties sont les suivantes :

-- le service doit être rendu avec un soin et une compétence raisonnables ;

-- le service doit répondre à une certaine destination ;

-- le service doit être rendu dans un délai raisonnable (lorsque le contrat ne fixe aucun délai) ; et

-- le service doit être d'un prix raisonnable (lorsque le contrat ne fixe pas de prix).

La loi organise également les recours du consommateur en cas de non-respect des garanties.

### Vente directe

Au cours de la période considérée, l'attention s'est portée de plus en plus sur le démarchage et les autres pratiques de vente directe. Il a été décidé de conduire une étude, qui portera sur toutes les techniques de vente en dehors de locaux commerciaux habituels et qui prendra en compte :

-- l'objet, la structure et le fonctionnement des marchés de vente directe ;

-- les effets de la vente directe sur les consommateurs et les problèmes qui se posent ;

-- l'adéquation et l'efficacité de la loi de 1967 sur le démarchage ainsi que des autres dispositions réglementaires ou dispositifs d'autoréglementation ; et

-- l'expérience d'autres pays dans le domaine de la vente directe et de sa réglementation.

### Crédit

Dans le cadre de son suivi de la réglementation du crédit, le ministère a mis au point des propositions de modification de cette réglementation qui concernent la reprise du bien, la publicité et l'assurance. Ce domaine reste prioritaire pour le ministère.

### Poids et mesures

A la suite de modifications législatives intervenues avant la période considérée, l'action dans le domaine des poids et mesures a pris une nouvelle orientation en Nouvelle-Zélande. En vertu de la loi modificative de 1991, des contrôles des matériels de poids et mesures peuvent être effectués par des personnes accréditées. Le ministère de la Consommation est ainsi mieux à même de mettre l'accent sur l'éducation et le respect de la réglementation.

Au cours de la période considérée, 12 organismes et 52 personnes physiques ont été accrédités pour contrôler et vérifier les instruments utilisés pour les poids et mesures.

L'unité spécialisée intente en moyenne six poursuites par an pour fraude sur le poids ou le volume et dresse en moyenne chaque année 60 procès-verbaux d'infraction.

Cette unité mène également un programme de contrôle par sondage aléatoire pour les produits alimentaires et non alimentaires.

## IV. Information et éducation du consommateur

### Essais comparatifs

L'Institut des consommateurs, organisme privé de défense des consommateurs, procède à des essais comparatifs de produits et services et à des enquêtes sur des produits et services. Les résultats paraissent dans le mensuel *Consumer*, publié par l'Institut. Celui-ci a procédé au cours de la période considérée à 107 essais et enquêtes.

### Services de conseil

Le ministère de la Consommation a poursuivi son action dans ce domaine par le biais du Service de conseil aux consommateurs, destiné essentiellement aux personnes à faible revenu, aux Maoris et à la population des îles du Pacifique. Ce Service dispose de trois bureaux avec numéro d'appel gratuit. Les plaintes les plus graves restent celles qui visent les contrats de crédit et les ventes d'automobiles d'occasion (voir section V).

Le ministère a poursuivi sa collaboration avec toute une série d'organismes. Les Bureaux de conseil aux citoyens, la Fédération des conseillers en budget familial et les Centres communautaires de conseil juridique, qui font généralement appel à des bénévoles, ont pu comme les années précédentes bénéficier de formations organisées par le ministère. De plus, le ministère a mis en place en 1994 des cours d'initiation à la loi sur les garanties du consommateur, qui ont été dispensés à environ 52 membres des tribunaux spécialisés dans les petits litiges.

### Médias

Television New Zealand continue de diffuser "Fair Go", émission de grande audience consacrée aux réclamations des consommateurs. Grâce aux liens entretenus avec l'équipe du journal télévisé, plusieurs reportages concernant des problèmes de consommation ont été diffusés au journal télévisé.

Dans la presse, le ministère a régulièrement alimenté la rubrique "consommateurs" de divers journaux de toutes régions. En outre, il a publié régulièrement des communiqués à l'intention d'autres médias. Le ministère s'est également efforcé de promouvoir les droits des consommateurs par des entretiens à la radio et des créneaux d'information sur des stations de radio des îles du Pacifique et des régions habitées par les Maoris.

### Autres activités d'information

Le ministère publie trois bulletins d'information par an. Ces bulletins sont adressés à plus de 2 000 groupements de consommateurs et autres destinataires. Les médias reprennent fréquemment certains thèmes de ces bulletins.

L'Institut des consommateurs publie sur abonnement deux magazines. Le magazine général *Consumer* contient des informations et des conseils à l'usage des consommateurs. Il rend compte par ailleurs des résultats d'essai comparatifs et traite des problèmes intéressant les affaires publiques. En 1994, il était diffusé à 81 262 personnes physiques et morales. L'Institut publie également un magasine spécialisé *Consumer Home and Garden*, qui avait 51 794 abonnés en 1994.

La Commission du commerce publie un bulletin d'information *Fair's Fair*, qui commente ses travaux touchant à l'application de la loi sur la loyauté dans le commerce et de la loi sur le commerce. La Commission édite également des brochures formant et conseillant les consommateurs et les commerçants quant à leurs droits et leurs obligations en vertu de ces deux lois.

### Éducation des consommateurs

En 1994, a été entrepris un programme coordonné d'information consacré à la nouvelle loi sur les garanties du consommateur. Plus de 100 000 brochures destinées aux consommateurs ont été diffusées dans les lieux publics. Une série de débats ont été organisés avec la population maori pour l'informer sur la nouvelle loi, et des créneaux d'information ont été utilisés sur des radios des îles du Pacifique. Une cassette vidéo commentant la nouvelle loi a été réalisée et a fait l'objet d'une campagne de promotion dans les établissements scolaires et auprès des organismes de formation. Des brochures spécifiques ont été publiées à l'intention de différentes catégories de commerçants et ont été diffusées aux détaillants, aux prestataires de services, aux producteurs, aux importateurs et également aux distributeurs d'automobiles.

## V. Mécanismes de recours et de réclamation

Le Service de conseil du ministère de la Consommation a traité 28 616 demandes d'aide en 1993 et 46 134 en 1994. Cette progression tient à l'entrée en vigueur de la loi de 1993 sur les garanties du consommateur. Depuis cette entrée en vigueur, les demandes adressées au Service de conseil du ministère de la Consommation ont augmenté de 61.3 pour cent. Le ministère de la Consommation a en outre diffusé auprès des consommateurs et des commerçants plus de 183 000 brochures consacrées à cette loi.

### Tribunaux pour les petits litiges (et exécution des lois)

C'est aux tribunaux pour les petits litiges qu'il incombe de régler les différends à peu de frais et de façon relativement informelle. Ces tribunaux relèvent du ministère de la Justice. Ils sont compétents pour les petits litiges en matière civile, le montant du litige ne pouvant dépasser 3 000 dollars néo-zélandais (5 000 si le défendeur y consent). C'est la Cour de district qui est compétente pour l'exécution des décisions des tribunaux pour les petits litiges.

Au cours de la période considérée, le ministère de la Consommation a publié en juillet 1993 un bilan des activités des tribunaux pour les petits litiges. Cette publication est intitulée "Une étude sur le fonctionnement des tribunaux pour les petits litiges de la perspective du consommateur" ("A Review of the Operation of Disputes Tribunals from a Consumer Perspective").

Le gouvernement a tiré les enseignements de cette étude en donnant son accord de principe pour le relèvement du seuil de compétence (5 000 dollars néo-zélandais et 7 500 avec le consentement de la partie défenderesse) et en décidant de doter les tribunaux pour les petits litiges d'un chef arbitre et d'un statut.

En vertu de la loi sur les vendeurs de véhicules automobiles, les litiges concernant les automobiles sont de la compétence de tribunaux spécialisés relevant de la Cour de district mais administrés par l'Institut des vendeurs de véhicules automobiles, géré et financé par la profession. Les problèmes qui se sont posés au cours de la période considérée ont conduit à un réexamen de la loi et il faut s'attendre à certaines modifications, essentiellement en ce qui concerne le nombre et la compétence de ces juridictions.

C'est à la Commission du commerce qu'incombe l'application de la loi sur la loyauté dans le commerce. Les poursuites sont intentées en fonction de certains critères comme le préjudice causé aux consommateurs, le nombre des réclamations et le coût des infractions pour les consommateurs. En dehors des poursuites, la Commission peut adresser des avertissements et mettre en oeuvre des programmes d'application de la loi. Durant l'exercice se terminant en juin 1993, la Commission a reçu 2 707 réclamations concernant la loi sur la loyauté dans le commerce ; il s'agissait en majorité de cas de tromperie sur le prix (846 réclamations). La Commission a intenté 18 poursuites au cours de ce même exercice. En outre, dix transactions formelles ont été conclues et 324 engagements informels ont été pris. La Commission du commerce est chargée de diffuser les informations concernant la loi sur le commerce aux consommateurs et aux commerçants. Au cours de la période considérée, la Commission a publié plusieurs brochures d'information, notamment *Food Labelling and the Fair Trading Act, Debt Collecting and the Fair Trading Act* et *Place of Origin and the Fair Trading Act*.

Les services du Médiateur ont compétence pour formuler des recommandations sur l'action des ministères, des entreprises publiques et des fournisseurs d'électricité. En outre, deux secteurs -- la banque et l'assurance -- ont obtenu l'autorisation d'utiliser la dénomination "médiateur" pour leurs dispositifs de traitement des réclamations et de règlement des différends.

Les services du Médiateur pour les activités bancaires ont été mis en place en 1992 ; en vertu du Code de pratiques bancaires, que les membres de l'Association des banques sont tenus d'appliquer, toutes les banques sont tenues de mettre en place un mécanisme interne de règlement des différends, que le client doit utiliser avant de saisir le Médiateur pour les activités bancaires. Outre la réglementation bancaire, le critère "d'équité et de comportement raisonnable eu égard aux circonstances" s'applique. Entre juin 1993 et juin 1994, le Médiateur a reçu 348 réclamations et 96 autres réclamations n'avaient pu être traitées l'année précédente. L'augmentation est de 44.4 pour cent par rapport à la première année d'activité.

En 1993, le secteur des assurances a mis en place un Médiateur pour les assurances et l'épargne, selon des critères très similaires à ceux du dispositif bancaire. (Les services du Médiateur ont officiellement commencé de fonctionner en mars 1995).

## VI. Relations entre la politique à l'égard des consommateurs et d'autres aspects de la politique gouvernementale

Au cours de la période considérée, les principes d'ouverture et de concurrence, piliers de la croissance et de la prospérité, sont restés à la base de l'action des responsables de l'économie en Nouvelle-Zélande. Comme par le passé, c'est essentiellement grâce à la déréglementation et à la libéralisation que les niveaux de croissance observés ont pu être réalisés.

De même, l'action menée par le ministère en 1993 et 1994 a reposé sur l'idée que des marchés concurrentiels sont optimaux aussi bien pour les consommateurs que pour les entreprises. En régime de marchés concurrentiels et ouverts, c'est la notion de souveraineté des consommateurs qui doit prévaloir, les consommateurs déterminant l'éventail et la qualité des biens et services qui leur sont offerts. Malheureusement, les marchés ne confèrent pas toujours ce pouvoir aux consommateurs ; il existe des marchés imparfaits où, du fait de monopoles, de barrières à l'entrée ou d'un manque d'informations adéquates, les consommateurs n'exercent pas l'influence qui devrait être la leur.

En conséquence, le ministère a oeuvré pour que la politique à l'égard des consommateurs fasse le plus possible partie intégrante du fonctionnement du marché. Les consommateurs doivent être parfaitement informés et bénéficier de recours efficaces de manière à pouvoir exercer une véritable influence et recueillir les fruits de la concurrence. Le ministère a agi en ce sens, notamment en diffusant des informations et en contribuant à ce que les consommateurs puissent efficacement faire valoir leurs droits.

A cet égard, on signalera l'action menée par le gouvernement au cours de la période considérée pour mettre en oeuvre les obligations de la Nouvelle-Zélande en vertu de l'Accord de rapprochement économique avec l'Australie. Des mesures de protection des consommateurs incompatibles pouvant nuire au libre-échange entre les deux pays, les autorités néo-zélandaises ont veillé à définir leur politique de la consommation en prêtant soigneusement attention aux réglementations australiennes et à leur mise en oeuvre.

# Pays-Bas

## I. Évolution d'ordre institutionnel

### Aménagement de la politique à l'égard des consommateurs

Au cours des 40 dernières années, on a assisté à la réalisation de bon nombre des objectifs fixés à la politique à l'égard des consommateurs. Dans les années 60 et 70, l'opinion publique a pris peu à peu conscience de l'importance des consommateurs et des producteurs sur le marché des biens et des services. Des éléments importants du cadre juridique destiné à assurer la protection des consommateurs ont été élaborés en coopération, notamment par toutes récentes organisations de consommateurs et le Comité des affaires intéressant les consommateurs relevant du Conseil économique et social.

Depuis les années 80, les consommateurs ont progressivement acquis la faculté d'agir en tant que partenaires commerciaux à part entière face aux vendeurs professionnels. La protection juridique des consommateurs est presque totalement assurée. Parmi les textes de loi applicables, on citera la loi de 1992 sur les clauses et conditions générales, le décret de 1992 sur les achats des consommateurs et la loi de 1992 sur les ventes par démarchage, ainsi que les clauses concernant l'endettement des personnes physiques, qui figurent dans la loi sur l'insolvabilité (soumise au Parlement en 1992) ainsi que dans la loi de 1992 sur le crédit et la consommation.

Les organisations de consommateurs sont devenues très puissantes (environ dix ménages sur 100 sont membres de l'Union des consommateurs). Les médias font également énormément de publicité en faveur de la protection des consommateurs. La politique menée à cet égard par l'Union européenne (UE), par exemple par le biais des directives sur le temps partagé, les paiements transfrontières, les ventes à distance et les indications des prix des produits alimentaires, contribue pour une très large part à l'amélioration de la protection des consommateurs.

Comme la protection du consommateur occupe désormais une place significative dans la politique à l'égard des consommateurs, et comme par ailleurs cette politique, ainsi que la politique de la concurrence -- au sens large -- visent des objectifs analogues, les divers services au sein du ministère des Affaires Économiques qui assurent le respect de la concurrence, la bonne marche de l'économie et la protection des intérêts des consommateurs ont été regroupés en une seule unité : la Direction pour la loyauté dans le commerce. La politique à l'égard des consommateurs s'élabore de plus en plus dans le cadre de la politique qui a pour objet d'assurer le bon fonctionnement du marché.

En 1994, le nouveau gouvernement dirigé par le Premier ministre Wim Kok a décidé de remodeler la politique des pouvoirs publics à l'égard des consommateurs. Le programme gouvernemental comprend plusieurs points qui tendent à la réalisation de cet objectif :

*i)*   objectifs budgétaires ;

*ii)*   réévaluation des responsabilités des secteurs public et privé ; et

*iii)*   déréglementation et intensification de la politique commerciale.

### Point 1

Dans le cadre de la politique d'austérité menée par le gouvernement, le budget de la politique à l'égard des consommateurs sera ramené de 10 millions de florins en 1994 à 4.6 millions de florins en 1997.

### Point 2

Le nouveau cabinet cherche à réduire les interventions des pouvoirs publics et à déléguer davantage de responsabilités à la collectivité. Ce choix a son importance pour les relations entre les organisations de consommateurs et le gouvernement. Celui-ci va de plus en plus déléguer des responsabilités aux organisations de consommateurs afin que celles-ci assurent elles-mêmes leur survie. Il envisage de suspendre le système d'aide financière fixe accordée à ces organisations et de n'octroyer cette aide que projet par projet. Les projets financés par l'État doivent être conformes à la politique commerciale définie par le gouvernement.

### Point 3

Le Gouvernement néerlandais accorde une importance considérable à la libre concurrence, à la déréglementation et à l'intensification de la politique commerciale. Les consommateurs devraient en bénéficier de multiples façons (notamment grâce à la réforme de la loi sur les magasins). Le manque de dynamisme ayant été identifié comme étant l'une des faiblesses de l'économie néerlandaise, la nécessité de fixer pour le marché des règles de fonctionnement appropriées constitue l'un des principaux objectifs du gouvernement. Cette condition préalable est déterminante pour la croissance économique car les mécanismes du marché incitent les sociétés à utiliser de façon efficiente des facteurs de production limités de façon efficiente, à innover, à appliquer des politiques stratégiques en matière de fixation des prix et à adapter les produits et les services à la demande des consommateurs.

Pour que les marchés fonctionnent convenablement, il est nécessaire d'instaurer des relations commerciales équilibrées entre entreprises et consommateurs ainsi qu'entre les entreprises elles-mêmes. Les obstacles inutiles à l'accès au marché, les réglementations restrictives, etc. ne doivent pas compromettre les opérations commerciales. En revanche, un marché échappant à tout contrôle risquerait également d'avoir des répercussions sociales non souhaitées. Une réglementation peut donc être nécessaire pour remédier aux imperfections du marché ou pour protéger certains intérêts tels que la santé publique ou la divulgation d'informations précises. L'intensification de la politique commerciale a conduit à modifier en 1994 la loi néerlandaise sur la concurrence (WEM).

Ce scénario suppose que tout soit fait pour éliminer les dysfonctionnements du marché en faveur des consommateurs. Les organisations de consommateurs et les pouvoirs publics vont envisager conjointement la manière d'appuyer certains projets. En définitive, cette collaboration pourrait bénéficier davantage aux consommateurs que le système consistant à accorder une aide financière fixe aux organisations chargées de les représenter.

## II. Protection physique (sécurité des produits)

Ces dernières années, le problème de la sécurité des produits à l'échelon européen a pris des proportions de plus en plus importantes. La Directive communautaire sur la sécurité générale des produits (1994) est déterminante pour les pays de l'Union Européenne dans leur ensemble. La clause la plus importante de cette directive stipule que seuls peuvent faire l'objet d'échanges des produits de consommation sûrs. La directive contient une autre condition importante à l'intention des fabricants, à savoir que ceux-ci doivent prendre les mesures nécessaires pour pouvoir assurer le contrôle de leurs produits et la sécurité des produits sur le marché. On a de plus en plus recours à la normalisation européenne pour garantir la sécurité des produits de consommation.

A la suite de ces directives qui définissent une "nouvelle approche", le processus de normalisation a pris de l'importance. Les responsables se sont surtout intéressés à la sécurité des personnes de plus de 60 ans qui représentent un pourcentage important des victimes d'accidents domestiques. Les organisations de consommateurs mènent des campagnes d'information, associées aux mesures destinées à améliorer les normes de sécurité dans les logements existants ainsi que et la conception de logements neufs plus sûrs.

## III. Protection de l'intérêt économique du consommateur

Un certain nombre de réglementations qui viennent s'ajouter à la loi sur le crédit à la consommation ont été mises en oeuvre. Ces nouvelles réglementations visent à interdire les clauses abusives de remboursement qui lèsent les consommateurs endettés. Les banques, les organisations de consommateurs et les organisations d'entreprises se sont mises d'accord en 1991 sur des systèmes plus efficaces de transfert des paiements. Cet accord a fait en 1994 l'objet d'une évaluation qui a permis de conclure que le transfert des paiements au comptant est devenu de plus en plus efficient. L'utilisation des chèques et des paiements comptant ont diminué au profit des paiements électroniques et des prélèvements directs. Les responsables vont maintenant s'intéresser à certains groupes de personnes âgées pour lesquelles les paiements électroniques présentent des difficultés.

Le gouvernement a déjà pris des mesures pour tempérer l'attrait des jeux de hasard (1993). Le nombre de machines doit être réduit (de 25 pour cent en 1994) et les machines doivent être adaptées de façon à limiter l'attirance qu'elles exercent. Le personnel chargé des machines à sous doit également être formé à déceler dès le début les risques de dépendance.

Le Syndicat des propriétaires a rédigé des contrats types, des clauses et des conditions générales et il a élaboré des systèmes d'autoréglementation en matière d'hypothèque (1994).

## IV. Information et éducation des consommateurs

Le gouvernement finance par voie de subventions les projets spécifiques d'information et d'éducation mis au point à l'intention de certains groupes-cibles par des organisations de consommateurs telles que l'Union des consommateurs et l'Institut néerlandais d'information budgétaire (NIBUD). La collaboration avec les instituts d'enseignement a été organisée sur une base structurelle. L'objectif est d'introduire dans les programmes et les méthodes d'enseignement des données systématiques et pratiques, de façon à responsabiliser davantage les organismes chargés des intérêts des consommateurs.

### Services de consultation

Le NIBUD a pour mission particulière de veiller à ce que les centres locaux de conseil budgétaire soient suffisamment documentés pour aider les personnes qui font appel à leurs services. Il dispense également des avis à ces centres et fournit au grand public des informations sur, par exemple, le crédit à la consommation, les services de paiement, les décisions en matière d'investissement, les retraites, l'assurance et la ventilation des dépenses des ménages.

### Information sur les produits

L'information sur les produits constitue l'un des principaux domaines d'activité des organisations de consommateurs. L'on a de plus en plus recours à des enquêtes pour comparer les incidences sur l'environnement des différents produits et stimuler l'innovation dans ce domaine. Un sous-comité du Comité des affaires intéressant les consommateurs relevant du Conseil économique et social s'efforce de mettre au point un système le plus harmonieux possible d'information globale sur les produits. Par information globale, on entend une information décrivant tous les aspects d'un produit au moment de son achat, de son utilisation ou réutilisation et de son élimination.

## V.   Mécanismes de recours et de réclamations

En 1994, les dispositions concernant le droit des organisations représentant certains intérêts à introduire une action collective (notamment dans le domaine du droit des contrats) ont été incorporées dans le Code civil. Ces organisations ne sont pas nécessairement des entités dotées de la pleine capacité juridique. Elles ne peuvent pas demander de dommages-intérêts sous forme de versements en espèces.

### Comités d'arbitrage

En 1970 a été créé le Conseil d'arbitrage chargé des affaires intéressant les consommateurs par association entre les organisations de consommateurs et diverses organisations commerciales. Les comités d'arbitrage peuvent formuler dans un délai réduit, avec le minimum de formalités et à faible coût, un avis ayant force contraignante pour régler les litiges survenant entre consommateurs et vendeurs. Au cours de ces quelques dernières années, le nombre des comités qui ont adhéré au Conseil a sensiblement augmenté. La création d'un comité d'arbitrage est bien souvent l'étape finale des délibérations entre organisations de consommateurs et producteurs sur les termes et conditions générales utilisés par une organisation commerciale particulière.

## VI. Relations entre la politique à l'égard des consommateurs et d'autres aspects de la politique gouvernementale

### *Tourisme*

La position juridique des consommateurs à l'égard des services de tourisme a été améliorée depuis l'adoption de la loi sur les clauses et conditions générales. La Directive européenne sur les voyages à forfait a été mise en oeuvre. Reste encore à régler le problème de la surréservation. La Commission européenne va étudier le problème de la surréservation dans les hôtels. La classification des hôtels, des restaurants, des installations nautiques et des sites de camping constitue l'un des meilleurs moyens d'informer les consommateurs.

### *Soins de santé*

L'accès et le prix constituent deux questions clés dans la réforme du système public des soins de santé. Par la protection juridique des malades et l'aide financière accordées par la Fédération des malades, la politique menée dans ce domaine contribue à améliorer la protection des consommateurs.

Le Parlement a adopté récemment un projet de loi sur l'Accord en matière de traitement médical. Ce projet de loi propose de réglementer les relations existant entre le médecin et le patient, en instituant notamment en un mécanisme de "consentement en connaissance de cause".

Aux termes d'un projet de loi qui vient d'être soumis au Parlement, les hôpitaux seront peut-être obligés bientôt d'élaborer une procédure très détaillée pour permettre aux patients de formuler leurs plaintes. Aux termes d'un autre projet de loi, les hôpitaux pourraient être tenus de créer un conseil de la clientèle avec un droit de consultation lorsqu'il s'agit de décisions importantes. Certaines décisions (notamment la sécurité, les repas, les loisirs, l'amélioration de la qualité) sont subordonnées à l'accord de ce conseil.

L'organisation des consommateurs et le KNMG (Fédération des médecins) procèdent actuellement à des discussions en vue de créer éventuellement une procédure d'arbitrage qui déboucherait sur une décision contraignante. Cette procédure s'intègre bien dans la politique gouvernementale prescrivant l'autoréglementation.

### Politique de l'environnement

Ces dernières années, l'environnement n'a cessé de prendre de l'importance aux yeux des consommateurs. Grâce en partie aux informations fournies par les pouvoirs publics, les consommateurs ont pris davantage conscience des problèmes d'environnement et de ce fait, la demande de produits écologiques a progressé. Par ailleurs, pour le gouvernement, les consommateurs représentent de plus en plus un groupe cible. Dans le Programme national sur l'environnement, publié à la fin de 1993, les consommateurs ont fait l'objet d'une attention particulière. Ces dernières années, diverses mesures ont été prises dans le but de les aider.

Deux dispositifs ont été institués pour permettre aux consommateurs d'être mieux armés contre les arguments écologiques (Ecolabel et Code sur la publicité en matière d'environnement). Ces dispositifs sont destinés à orienter leurs choix vers des produits respectant l'environnement et leur permettre d'avoir accès à des informations précises sur les produits.

La possibilité d'obtenir des informations générales et objectives sur les produits de consommation ou grâce à ces produits constitue un autre problème. Le fait que l'on ne puisse pas chiffrer ni communiquer tous les effets sur l'environnement en utilisant de préférence la méthode d'analyse du cycle de vie contribue à rendre la question plus complexe.

Le comportement des consommateurs va faire lui aussi l'objet d'une étude. Dans leur comportement quotidien, les consommateurs devraient plus ou moins tenir compte des questions d'environnement non seulement lorsqu'ils choisissent un produit mais aussi lorsqu'ils décident, par exemple, de prendre leur voiture ou leur bicyclette pour se rendre dans les magasins. Les résultats de l'Atelier international sur les ménages organisé par le ministère de l'Environnement en 1995 et les résultats de l'enquête menée en mars 1995 par la CSO (Commission pour un développement durable) servent de référence à cette étude.

# Portugal

## I.  Évolution d'ordre institutionnel

La concrétisation du Marché unique européen et l'approbation du traité sur l'Union européenne ont conduit au renforcement de la politique de protection des consommateurs afin d'accroître son efficacité au niveau national.

L'instrument le plus important pour la mise en oeuvre de la politique nationale de protection des consommateurs est l'Institut du consommateur (IC) qui a été restructuré en 1993. Des pouvoirs ont été accordés au président de l'IC. Au titre de ces pouvoirs, celui-ci peut émettre des avertissements et des recommandations dans le but de sauvegarder les droits des consommateurs, de les informer et de les protéger.

La nouvelle organisation de l'IC a été établie par le Décret-loi No. 195/93 du 24 mai 1993 qui a modifié la représentation du Conseil général -- organe de participation, consultation et information fonctionnant auprès de l'IC -- constitué de représentants régionaux de la politique de la consommation et d'associations représentatives des intérêts des consommateurs et des professionnels.

Le ministère de l'Environnement (ministère chargé de la politique à l'égard des consommateurs), a créé cinq représentations régionales avec compétence sur la politique de l'environnement et sur la protection des consommateurs (information, éducation et arbitrage des conflits).

Le Conseil national de la qualité a été réorganisé et il a été créé un Conseil économique et social. Des représentants des organisations de consommateurs participent à ces organismes.

Les transformations découlant du processus de création du Marché unique européen ont justifié un développement accru des systèmes d'information, de contrôle et d'accompagnement du marché, en liaison avec les institutions communautaires, afin d'assurer une meilleure qualité et une sécurité accrue des produits ainsi qu'une plus grande transparence du marché.

Il a été créé de nouveaux tribunaux et autres organismes de recours centralisés pour arbitrer les conflits de consommateurs régionaux. Ces organismes fonctionnent également au niveau sectoriel (réparations automobiles).

Un bureau de l'Agence européenne d'information sur la consommation (AEIC) vient d'être ouvert pour les régions du nord (Portugal/Galicie) ; un projet frontalier similaire pour les régions du sud (Algarve et Andalousie) a été mis en oeuvre.

Le montant des crédits gouvernementaux destinés à la protection du consommateur est le suivant : 315 millions d'Escudos en 1993 et 423 millions d'Escudos en 1994.

## II. Protection physique (sécurité des produits)

Certaines législations nationales conformes, pour la plupart, aux directives communautaires, ont été adoptées concernant la sécurité ou l'hygiène des produits. Il faut mettre l'accent sur les mesures suivantes :

### Produits alimentaires

-- Décret-loi No. 115/93 du 12 avril 1993 -- préparations pour nourrissons, laits de transition et d'autres aliments complémentaires.

-- Décret-loi No. 126/93 du 20 avril 1993 -- utilisation et commercialisation d'organismes génétiquement modifiés.

-- Décret-loi No. 227/93 du 22 juin 1993 -- produits dérivés du cacao et du chocolat, destinés à l'alimentation humaine.

-- Décret-loi No. 245/93 du 8 juillet 1993 -- conditions essentielles pour ce qui concerne la production et la vente de la viande hachée et des préparations de viande.

-- Décret-loi No. 32/94 du 5 février 1994 -- graisses et huiles comestibles.

-- Décret-loi No. 240/94 du 22 septembre 1994 -- qualité et conditions d'utilisation des graisses et des huiles comestibles destinés à la préparation et fabrication de denrées alimentaires.

-- Décret-loi No. 283/94 du 11 novembre 1994 -- production et commercialisation des produits de pêche.

-- Décret-loi No. 288/94 du 14 novembre 1994 -- boissons réfrigérantes destinées à l'alimentation humaine.

*Produits non alimentaires*

--    Décret-loi No. 54/93 du 23 février 1993 -- commercialisation et usage de matières dangereuses.

--    Décret-loi No. 80/93 du 15 mars 1993 -- utilisation d'additifs colorants dans les produits pharmaceutiques.

--    Décret-loi No. 184/93 du 19 mai 1993 -- marque nationale, dans le respect des normes pour les produits certifiés.

--    Décret-loi No. 234/93 du 2 juillet 1993 -- Système portugais de la qualité.

--    Décret-loi No. 385/93 du 18 novembre 1993 rend obligatoires les fermetures de sécurité pour enfants, tout comme les emballages manifestement sûrs pour enfants, quand il s'agit de pesticides à usage domestique.

--    Décret-loi No. 101/94 du 19 avril 1994 établit les règles auxquelles doivent obéir l'étiquetage et le dépliant joints aux médicaments pour utilisation humaine.

Par décision du Comité sur la sécurité des services et des biens de consommation, plusieurs produits ont été retirés du marché national ou ont fait l'objet de recommandations ou d'avertissements publics : pistolet à air comprimé de la marque "The Gat", modèle J 101, 4,5mm ; "Egg-Boiler" ou "Quick Egg", modèle MC 214 ; briquet à cartouche ; jeux vidéo ; briquets (si considérés des imitations dangereuses) ; support d'appui à placer entre les barres du devant de la voiture ; crachats ; emballages d'essence de térébenthine et d'ammoniac (imitation dangereuse) ; bonhomme en verre "Love Meter" (dont l'apparence pourrait susciter une utilisation différente de celle pour laquelle il a été conçu) ; "Ferlimpa" (produit détachant des souillures de rouille) ; et Tend-Fous (imitation dangereuse).

Afin d'assurer aux consommateurs une protection plus efficace dans les domaines de la santé et de la sécurité des produits et des services, le Centre d'information sur la sécurité des produits et des services dangereux poursuit ses activités. Le Portugal participe également au système EHLASS et au Système européen d'échange rapide d'information sur les produits dangereux.

### III. Protection de l'intérêt économique du consommateur

Le plein fonctionnement du Marché unique européen et les répercussions inévitables sur l'évolution des conditions du marché de la libre circulation de personnes, de biens et services, a entraîné une diversification de l'offre.

Malgré des progrès considérables réalisés dans les rapports commerciaux, et bien que de nouvelles garanties légales et constitutionnelles renforcent la protection effective en matière de consommation, ni les consommateurs, ni les professionnels, ne sont encore en mesure d'exercer leurs droits et d'assumer pleinement leurs devoirs sur le plan social.

Afin de réaliser un développement plus harmonieux, la coordination entre l'administration publique, les associations représentatives des consommateurs, les les professionnels et autres agents économiques a été encouragée.

Il a été remarqué une augmentation importante de l'offre de nouveaux produits financiers résultant d'un accroissement de la concurrence, surtout dans les secteurs de la banque et des assurances.

Parmi les diverses lois adoptées durant la période 1993-1994, les mesures suivantes méritent une attention particulière :

-- Décret-loi No. 370/93, du 29 octobre 1993 -- interdisant des pratiques individuelles restrictives du commerce.

-- Décret-loi No. 371/93, du 29 octobre 1993 -- établissant le régime général de protection à la promotion de la concurrence.

-- Décret-loi No. 24/93, du 19 juillet 1993 -- régissant l'activité des agences de tourisme.

-- Décret-loi No. 275/93, du 5 août 1993 -- "timeshare".

-- Décret-loi No. 22/94, du 27 janvier 1994 -- ventes en groupe.

-- Décret-loi No. 63/94, du 28 février 1994 -- libéralisation des ventes à tempérament.

-- Arrêté Ministériel No. 387/94, du 18 mars 1994 régissant l'utilisation des services complémentaires de télécommunications mobiles et des services mobiles multi-usager.

## IV. Information et éducation du consommateur

L'information et l'éducation des consommateurs sont des composantes essentielles de la politique de protection du consommateur au Portugal.

Outre ces préoccupations au niveau national, des actions au niveau communautaire sont en plein développement et se manifestent de façon diversifiée, notamment par l'existence de Centres d'information transfrontières établis par l'Agence européenne de l'information sur la consommation (AEIC) pour les régions du nord (Portugal/Galice), et pour les régions du sud (Algarve/Andalousie).

Plusieurs initiatives ont aussi eu lieu concernant la recherche sur les produits et l'étude des services et des problèmes rencontrés par le consommateur, en particulier la réalisation d'essais et d'études comparatives déjà mentionnés auparavant, réalisés soit par l'IC, soit par l'association des consommateurs DECO.

Dans le but de rapprocher les services publics des citoyens, notamment en ce concerne la divulgation d'informations et de conseils aux consommateurs, il a été créé, en collaboration avec les municipalités, des Centres municipaux d'information au consommateur (CIAC) permettant non seulement de fournir des renseignements utiles, mais aussi de résoudre rapidement les conflits mineurs en matière de consommation.

Le perfectionnement des réseaux d'information a permis une croissance qualitative de la divulgation permanente d'informations aux consommateurs au moyen des systèmes suivants :

-- Système d'information de sécurité (SIS) en liaison avec des institutions communautaires et internationales.

-- Système d'information sur la consommation (INFOCONSUMO), projet qui, dans les années 1993-94, a permis le perfectionnement de bases de données dans le domaine juridique et statistique et dans celui des produits bancaires, des réclamations des consommateurs et des bibliographies ; ce système est intégré dans le réseau COLINE (avec ses divers centres dans l'Union européenne), visant à fournir de l'information dans le domaine juridique.

Pour ce qui concerne les autres activités dans ce domaine, la revue de l'IC *O Consumidor* (Le Consommateur) continue à être publiée ; il existe également des programmes radio diffusés sur des radios locales (340 radios locales), ainsi que la divulgation d'information et de communiqués de presse, de guides, dépliants et brochures.

Les associations de consommateurs ont aussi eu recours à divers modes de communication sur le plan social, soit pour sensibiliser le public sur des questions vitales à la défense des intérêts des consommateurs, soit soit pour renforcer de façon significative la divulgation de revues et autres publications :

-- L'Association portugaise pour la défense des consommateurs (DECO), par l'intermédiaire de sa branche d'édition EDIDECO, continue de publier sa revue mensuelle *Pro-Teste* (tirage : 163 000 exemplaires), spécialisée dans la divulgation d'essais comparatifs.

-- L'Union générale des consommateurs (UGC) continue également de publier son *Jornal dos Consumidores* (Journal des consommateurs) et de mettre en oeuvre d'autres actions d'information.

L'éducation visant à former l'esprit critique du consommateur, ainsi que la formation de cadres et de techniciens en matière de protection du consommateur, sont des cibles privilégiées, notamment dans quatre secteurs publiques : les enseignants, les conseillers, techniciens et autres dans le domaine de la consommation, ainsi que le mouvement associatif des consommateurs.

En ce qui concerne la réforme des programmes scolaires, il est envisagé d'y introduire le thème de la protection du consommateur. Des "dossiers" pédagogiques ont été publiés à l'intention des professeurs, portant sur les thèmes suivants : publicité, hygiène, santé et supermarchés.

La législation sur l'étiquetage des denrées alimentaires en général, médicaments, boissons réfrigérantes et bières a été publiée. Des règlements ont été émis sur l'affichage obligatoire des prix dans les secteurs de la blanchisserie, du ressemelage, de la réparation d'appareils électriques et des banques.

## V.  Mécanismes de recours et de réclamation

Les consommateurs pourront adresser leurs réclamations à l'Institut du consommateur, aux associations et aux Centres d'information des municipalités qui sont chargés de l'arbitrage des conflits de consommation. Les centres d'arbitrage à Lisboa, Coimbra, Porto et Guimaraes) rassemblent des associations de consommateurs et de professionnels, et sont soutenus par le ministère de la Justice, l'Institut du consommateur et les municipalités. Ils divulgent des informations et sont chargés de la médiation et de l'arbitrage des conflits de consommation. Les affaires sont portées devant le juge, et il n'est posssible d'interjeter appel de ses décisions que devant un tribunal de deuxième instance.

En 1993, il a été créé à Lisbonne un tribunal d'arbitration traitant des réparations automobiles, qui fonctionne sur le même modèle que les autres centres d'arbitrage de conflits de consommation. Pourtant, alors que les centres d'arbitrage ont une compétence locale, ce centre-ci a une compétence de portée nationale, mais ne s'applique qu'aux prestations de services.

## VI. Relations entre la politique à l'égard des consommateurs et les autres aspects de la politique gouvernementale

La politique des consommateurs étant à caractère horizontal, on tend de plus en plus à en tenir compte dans les autres politiques sectorielles. Le Bureau de l'environnement et du consommateur et l'Institut du consommateur sont consultés régulièrement à l'avance sur l'impact de toute législation dans les domaines de l'environnement, de la répression des fraudes, de la concurrence, de l'industrie, de la santé, du tourisme et de l'alimentation, susceptible d'affecter d'une façon directe ou indirecte les intérêts des consommateurs.

La législation portugaise concernant la concurrence a fait l'objet d'une révision en 1993. La nouvelle loi, qui établit le régime général de défense et la promotion de la concurrence -- Décret-loi No. 371/93 du 29 octobre 1993, est entrée en vigueur le 1er janvier 1994. Ce décret a pour but d'intégrer dans une authentique loi-cadre de la politique de concurrence les développements d'une économie ouverte, en processus croissant d'internationalisation et de dynamisme concurrentiel, contribuant au libre accès au marché, à l'équilibre des rapports entre les agents économiques et visant à favoriser les objectifs généraux de développement économique et social, la compétitivité des agents économiques et la sauvegarde des intérêts des consommateurs.

Au delà d'autres entités, l'IC reçoit également la collaboration de l'Inspection générale des activités économiques ("Inspecçao Geral das Actividades Economicas") dans les domaines de la santé publique, de la sécurité du consommateur, de la création de réseaux d'alerte ainsi qu'au niveau d'action conjointe en matière d'étiquetage, de sécurité des jouets, des produits d'hygiène et de nettoyage.

Il est également à noter qu'en 1994, le Portuguese Insurance Institute a créé un Ministère de Soutien au Consommateur dont le but est de fournir des informations sur les relations entre les consommateurs et les entreprises dans le domaine de l'assurance.

# Royaume-Uni

## I. Évolution d'ordre institutionnel

En 1993 et 1994, le gouvernement a apporté un financement de plus de 18 millions de livres aux organismes s'occupant des consommateurs. Les dépenses des collectivités locales pour le service des normes commerciales, qui met en vigueur la plus grande partie de la législation relative aux consommateurs, se sont élevées à 112 millions de livres pour l'exercice financier 1993/1994 (contre 114 millions de livres pour 1992/1993).

## II. Protection physique (sécurité des produits)

### Sécurité des produits d'alimentation

À la suite du rapprochement des législations des États membres de l'Union européenne en matière d'hygiène alimentaire, l'occasion a été saisie d'incorporer dans la législation communautaire des exigences relatives aux locaux utilisés dans le secteur de l'alimentation, destinées à veiller à la gestion des risques. Il en est résulté qu'il a été possible de réduire au minimum les exigences législatives de caractère impératif, en laissant aux entreprises du secteur de l'alimentation le soin d'adapter les contrôles aux risques tenant à leurs activités. La législation du Royaume-Uni est en cours de modification en fonction de cette évolution.

## III. Protection de l'intérêt économique du consommateur

### Crédit à la consommation

Tout au long de 1993 et 1994, l'Office pour la Loyauté dans le commerce (OFT) a poursuivi sa campagne visant à éliminer l'utilisation du système "d'option négative" en matière de vente d'assurance pour la protection du crédit, de sorte qu'un demandeur de prêt n'ait pas à faire le nécessaire pour éviter de devoir payer une assurance complémentaire. Une enquête sur le marché du crédit au début de 1994 a fait apparaître que les organismes de prêt avaient répondu de manière positive aux vues exprimés par le Directeur général et qu'ils n'utilisaient plus ce système.

En novembre 1993, l'OFT a publié une version refondue du *Guide to Credit Scoring* (Guide de la notation des crédits) avec le concours de tous les principaux créateurs et utilisateurs de systèmes de notation des crédits.

En mars 1994, le Directeur général pour la loyauté dans le commerce a publié un rapport intitulé *Connected Lender Liability* (Responsabilité liée du prêteur) sur l'application de l'article 75 de la loi de 1974 sur le crédit à la consommation. Cet article prévoit que, si un débiteur au titre d'un accord débiteur/créancier/fournisseur a à faire valoir contre le fournisseur un grief fondé sur une représentation inexacte du produit fourni ou une violation de contrat, il peut engager une action analogue contre le créancier solidairement responsable du débiteur. Dans son rapport, le Directeur général a conclu que l'article 75 est effectivement applicable dans les deux cas, mais il a invité les intéressés à présenter des observations sur le point de savoir si la législation devait être modifiée. A la fin de 1994, l'OFT examinait les réactions à ce rapport avant que le Directeur général ne présente un rapport complémentaire au gouvernement.

### Agents immobiliers

Le *Property Misdescriptions* Act 1991 (loi sur les représentations inexactes de biens immobiliers de 1991), qui pénalise l'utilisation d'une description fausse ou fallacieuse de biens immobiliers proposés à la vente dans l'exercice des activités d'une agence immobilière ou d'une entreprise de promotion immobilière, est entré en vigueur en avril 1993. La loi est mise en application par les services des normes commerciales dépendant des collectivités locales. A la fin de 1994, l'OFT s'était vu notifier 15 condamnations au titre de la loi.

### Prorogation de garanties

En février 1994, le Directeur général pour la loyauté dans le commerce a annoncé une enquête sur la vente de garanties prorogées au titre de l'article 2 (1)(a) de la loi de 1973 sur la loyauté dans le commerce. Les travaux de recherche préliminaires avaient permis de découvrir une large fourchette de prix pour les prorogations de garantie portant sur les mêmes produits, conjuguée à un manque d'information au sujet du choix de la couverture offerte aux consommateurs par les détaillants, les fabricants et les compagnies d'assurances. Un rapport, qui a été publié en 1994, préconisait l'adoption d'un code de pratique des détaillants, une action réglementaire pouvant être engagée si une tentative d'arrangement amiable échouait.

### Systèmes de services funéraires avec paiement anticipé

L'OFT a annoncé en février 1994 une enquête au sujet des systèmes d'organisation des funérailles avec paiement anticipé. Il se souciait essentiellement d'identifier des moyens pratiques de protéger les fonds de la clientèle.

### Hypothèques et services liés

En juin 1994, l'OFT a publié une étude intitulée *Packaged Mortgages : Results of Consumer Surveys* (Hypothèques "tout compris" : résultats des enquêtes auprès des consommateurs), traitant de la vente d'hypothèques liées à des services et produits financiers connexes, notamment une assurance des immeubles et de leur contenu. Les résultats de cette étude ont amené à conclure de manière générale qu'une plus grande transparence sur ce marché renforcerait la concurrence et aiderait le consommateur à prendre ses décisions.

### Questions relatives à l'assurance : divulgation

En 1994, certains faits nouveaux encourageants ont été constatés dans ce domaine : l'instauration par les organismes de réglementation du secteur en cause de l'obligation aux courtiers d'assurances de faire connaître le nom de la compagnie d'assurance et des assureurs en ce qui concerne la police en procédant à la publicité des produits d'assurance, ainsi que de notifier par écrit les modalités d'un changement de police et si les courtiers agissaient en qualité de mandataires d'un autre courtier. De nouvelles règles sur la divulgation des commissions et des charges pour la vente des produits d'assurance sur la vie ont été établies d'un commun accord (à mettre en vigueur dès le début de 1995), et des consultations ont été entamées au sujet de projets de divulgation des produits et des commissions en ce qui concerne les produits d'assurance autres que l'assurance sur la vie tels que les fonds de placement et les programmes de placement en actions par des particuliers.

### Les règlements de 1992 sur les forfaits voyages, les forfaits vacances et les forfaits voyage touristiques

Ces règlements sont désormais en vigueur. Ils précisent quelles seront les informations à communiquer aux consommateurs avant la conclusion du contrat et indiquent les clauses à incorporer dans ce contrat. Ils obligent également l'organisateur à fournir la preuve de l'existence d'une caution pour la protection des montants payés anticipativement et pour le rapatriement en cas d'insolvabilité.

### Loi de 1994 sur la vente et la fourniture de marchandises

Cette loi est la refonte de la loi de 1979 sur la vente de marchandises et des lois connexes. Le terme "qualité marchande" a été remplacé par le terme "qualité satisfaisante", et les éléments de la qualité y ont été énumérés. Les règles relatives à l'acceptation des marchandises ont été élucidées. Une des autres modifications a consisté à fonder la législation régissant l'offre de marchandises en Écosse sur un texte législatif (et non sur le droit coutumier).

### Les règlements de 1995 régissent les conditions abusives des contrats conclus avec les consommateurs.

Ces règlements ont été adoptés en décembre 1994 en vue de la mise en oeuvre de la Directive 93/13/CEE du Conseil, du 5 avril 1993, concernant les clauses abusives dans les contrats conclus avec les consommateurs. Ils entreront en vigueur le 1er juillet 1995. Ces règlements vont plus loin que la loi de 1977 sur les clauses abusives des contrats, qui reste en vigueur, car ils incorporent la notion générale d'abus dans le droit des contrats conclus avec les consommateurs et confèrent au Directeur général pour la loyauté dans le commerce des pouvoirs de protection destinés à faire obstacle au maintien de conditions contractuelles types abusives insérées par les fournisseurs dans leurs contrats avec les consommateurs, soit en obtenant des instances judiciaires des injonctions dirigées contre les fournisseurs, soit en obtenant de ceux-ci des engagements.

### Actions dirigées contre certains commerçants en raison de pratiques déloyales

En décembre 1994, le ministère du Commerce et de l'industrie a diffusé un rapport d'experts en demandant que des informations soient présentées au sujet de propositions destinées à renforcer l'efficacité de l'action au titre de la partie III de la loi de 1973 sur la loyauté dans le commerce, dirigée contre les commerçants malhonnêtes. En 1993 et 1994, l'Office pour la loyauté dans le commerce a obtenu au total 37 engagements de commerçants qui n'avaient pas respecté leurs obligations légales envers les consommateurs.

### Services financiers

Le 22 juillet 1993, le ministère des Finances a ordonné au *Securities and Investment Board* (Bureau des valeurs mobilières et des placements) de mettre au point un nouveau système de nature à améliorer l'information à la disposition des acquéreurs de polices "tout compris" d'assurance sur la vie. Le nouveau système, qui exige la communication automatique des commissions et des redevances et des informations claires au sujet des valeurs de rachat anticipé, entre en vigueur le 1er janvier 1995.

Le 1er juillet 1994, la *Personal Investment Authority* (Administration compétente en matière de placements personnels) a commencé ses travaux en sa qualité de principal organisme de réglementation pour les services financiers aux consommateurs et se chargera progressivement de la tâche des organisations d'autoréglementation existantes.

### Description d'activités commerciales

Des directives ont été publiées en 1994 et elles étaient destinées à aider les firmes à éviter d'induire en erreur les consommateurs par des indications dans des documents non publicitaires au sujet de l'effet sur l'environnement de leurs activités, produits ou services.

## IV. Information et éducation du consommateur

### Étiquetage des produits alimentaires

#### Étiquetage obligatoire

En 1994, le gouvernement a lancé une campagne, dans le cadre de son programme législatif de déréglementation en matière de produits alimentaires, visant à renforcer et à refondre les réglementations sur l'étiquetage des produits, qui remontent à 1984 (et qui ont depuis été amendées à diverses reprises), afin de veiller à ce qu'elles soient compatibles avec les objectifs de la législation communautaire et de réexaminer la nécessité des autres dispositions nationales qu'elles comportent.

#### Étiquetage non obligatoire

Au début de 1994, à la suite de plusieurs décès dus à une réaction allergique à la consommation d'aliments traités, contenant des fruits en coque ou des arachides, le gouvernement a lancé une campagne afin d'alerter l'industrie et le public au sujet de ce problème et commandé des travaux de recherche au sujet de l'allergie en cause. Une brochure a été publiée au sujet de l'allergie aux aliments.

### Activités d'information diverses

L'Office pour la loyauté dans le commerce a élaboré et lancé en mars 1994 un *A buyer's Guide* (un guide de l'acheteur) qu'il tient pour une nouvelle publication d'une importance capitale, destinée à informer les consommateurs de leurs droits juridiques et à donner des conseils d'ordre général sur les difficultés couramment rencontrées lors de l'achat de biens et de services. Deux versions audio et braille ont été réalisées, ainsi que plusieurs enregistrements audio à partir de chapitres du guide.

L'OFT a également lancé sa nouvelle série de brochure *Know Your Rights* (connaissez vos droits). Cette série est destinée à donner aux consommateurs une information claire au sujet de leurs droits sur divers points.

### Éducation du consommateur

L'OFT pour la loyauté dans le commerce a aidé le *Scottish Consumer Council* (Conseil écossais pour la consommation) à préparer et à réaliser un nouveau manuel d'éducation du consommateur à utiliser dans les écoles écossaises.

### V. Mécanismes de recours et de réclamation

Il n'y a pas eu de fait nouveau à signaler dans ce domaine.

### VI. Relations entre la politique a l'égard des consommateurs et les autres aspects de la politique gouvernementale

#### Coopération internationale en matière d'exécution

Le Réseau international de surveillance de la commercialisation a réussi à échanger des informations sur des thèmes généraux d'information, dans le cadre de ses conférences semestrielles, sur des points concrets, avec certains pays, et plusieurs litiges ont été résolus par la coopération entre les autorités compétentes en matière de réglementation.

### VII. Remarques générales

Aucune.

# Suède

## I. Évolution d'ordre institutionnel

Le programme pour la politique à l'égard des consommateurs, approuvé par le Parlement en 1986, est resté en 1993 et en 1994 à la base de la politique de la consommation en Suède. Durant ces deux années, les autorités suédoises se sont efforcées d'adapter la politique suédoise à la réglementation de l'Espace économique européen, conformément au traité sur l'Espace économique européen. En outre, la population suédoise s'étant prononcée par référendum en faveur de l'adhésion à l'Union européenne en novembre 1994, la Suède est devenue membre de l'Union européenne à compter du 1er janvier 1995.

Le dispositif institutionnel n'a pas été modifié. Toutefois, une commission mandatée par le gouvernement a soumis en 1994 des propositions concernant de nouvelles orientations en matière de politique à l'égard des consommateurs et la réorganisation de la Commission nationale pour les politiques à l'égard des consommateurs. Un projet de loi a été soumis à cet effet au Parlement à la fin de l'été 1994 ; mais ce projet de loi a été retiré par le nouveau gouvernement issu des élections générales de septembre. Dans sa déclaration au Parlement, le gouvernement a souligné que la Suède devait contribuer à renforcer la position des consommateurs en Europe pour ce qui est du prix, de la qualité et de la sécurité des produits et des services.

Au cours des deux dernières années, le budget de la politique à l'égard des consommateurs n'a cessé d'être réduit dans un souci d'économies budgétaires. La dotation totale pour la politique à l'égard des consommateurs a atteint environ 112 millions de couronnes suédoises, ce montant comprenant le budget de la Commission nationale pour les politiques à l'égard des consommateurs et celui du Conseil d'examen des plaintes des consommateurs ainsi que les aides aux organismes de défense des consommateurs et de recherche en matière de consommation. En outre, une partie des recettes de la Commission nationale pour les politiques à l'égard des consommateurs provient de la vente de publications.

## II. Protection physique (sécurité des produits)

En 1993 et 1994, la Suède a adopté diverses réglementations pour se mettre en conformité avec l'accord sur l'Espace économique européen (EEE). La loi de 1989 sur la sécurité des produits a été modifiée en 1994.

Les nouvelles lois sur la sécurité adoptées sont les suivantes : la loi sur la sécurité des jouets, la loi sur les imitations dangereuses, la loi sur la sécurité des machines et la loi sur la protection des personnes (cette dernière entrera en vigueur le 1er juillet 1995). La Commission nationale pour les politiques à l'égard des consommateurs a adopté une série de règlements concernant la sécurité des jouets et, en coopération avec la Commission nationale pour la sécurité et la santé professionnelles, un ensemble de règlements relatifs aux équipements de protection des personnes. La Commission pour la sécurité et la santé professionnelles a adopté divers textes concernant la sécurité des machines, qui s'appliquent également à des produits de consommation, ainsi que des principes directeurs pour la sécurité des lits superposés.

A l'initiative du Médiateur des consommateurs, la Cour du marché a rendu en 1993-94 trois décisions dans le domaine de la sécurité des produits. Les affaires en cause concernaient une crécelle et des produits similaires, un oeuf en chocolat contenant des jouets en plastique et de nouveaux jouets comme du chewing-gum claquant et des briquets attrapes. C'est seulement pour ce dernier produit que la Cour du marché s'est prononcée pour l'interdiction, comme le lui demandait le Médiateur des consommateurs ; l'émission sonore (140 dB) a été jugée dangereuse à faible distance. En outre, le Médiateur des consommateurs a pris diverses injonctions concernant des frondes, un type spécial d'équipement de plongée et une attache de tétine pour bébés. Plusieurs affaires ont été réglées de gré à gré entre la Commission pour les politiques à l'égard des consommateurs et les entreprises concernées.

Dans le domaine des recherches consacrées à la sécurité des produits, une étude pilote ayant trait à la notification des accidents a été réalisée (elle n'a pas encore été publiée). Les travaux ont commencé pour la publication d'un rapport sur les activités menées dans le domaine de la sécurité ces cinq dernières années par la Commission pour les politiques à l'égard des consommateurs.

## III. Protection de l'intérêt économique du consommateur

Le surendettement des ménages pose depuis quelques années de graves problèmes. La situation s'est améliorée dans ce domaine avec l'adoption d'une nouvelle loi sur l'insolvabilité, qui est entrée en vigueur le 1er juillet 1994. La Commission pour les politiques à l'égard des consommateurs a lancé une vaste campagne d'information et de formation pour faire en sorte que la loi soit efficacement appliquée.

Une proposition de modification de la loi concernant la commercialisation a été présentée. Le champ d'application de la disposition générale relative à la publicité déloyale a été élargi de manière à prendre en compte certaines opérations d'achat et les émissions suédoises par satellite à destination des pays de l'EEE. La composition de la Cour du marché a été modifiée en 1993, les représentants de certains groupes d'intérêt ayant été remplacés par des experts en économie. Par ailleurs, le ministère de la Justice a proposé de modifier les règles de procédure de la Cour. (Enfin, le gouvernement a soumis un projet de loi modifiant la loi sur la commercialisation -- comportant de plus lourdes sanctions et des règles plus précises -- qui devrait entrer en vigueur en 1995.)

Le Parlement suédois a adopté une nouvelle loi concernant les clauses contractuelles déloyales. Cette loi, entrée en vigueur le 1er janvier 1995, couvre désormais tous les services financiers rendus aux consommateurs. Des lois spéciales ont également été adoptées, notamment pour les voyages organisés et l'étiquetage énergétique des appareils ménagers.

Une nouvelle loi sur le crédit à la consommation est entrée en vigueur le 1er janvier 1993. Dans le contexte de cette loi, la Commission nationale pour les politiques à l'égard des consommateurs et les entreprises se sont entendues sur des clauses contractuelles types applicables en cas d'achat à tempérament.

Des accords à caractère volontaire ont été conclus notamment dans les domaines suivants : commercialisation de biens immobiliers, voyages organisés, prix de l'essence, clauses contractuelles pour les services de publipostage, ventes de meubles et motocycles. Des négociations sont en cours notamment pour la commercialisation directe et la publicité télévisée. Un bureau de conseil a été mis en place à l'intention des consommateurs dans le domaine bancaire.

## IV. Information et éducation des consommateurs

### 1. *Les conseillers municipaux des consommateurs*

Les centres locaux de protection des consommateurs constituent un élément essentiel du dispositif suédois de protection des consommateurs. Le champ d'action de ces conseillers est variable selon la situation financière et les priorités politiques de la municipalité. Les conseils sont dispensés gratuitement aux consommateurs. A ce jour, 235 municipalités suédoises sur 288, ont mis en place un centre de conseil.

Les conseillers des consommateurs ont pour mission :

-- de conseiller les consommateurs pour leurs achats ;

-- d'informer les consommateurs de leurs droits ;

-- de jouer un rôle de médiation en cas de litige ;

-- de conseiller les consommateurs pour tout ce qui concerne la bonne gestion d'un ménage ;

-- de suivre la situation sur le marché local ;

-- d'encourager et de soutenir les organisations locales ; et

-- de collaborer avec les autres autorités publiques locales.

En 1994, les consommateurs ont présenté 222 000 demandes. Le nombre des consultations dans le domaine de l'économie domestique ne cesse de s'accroître. Les conseillers locaux consacrent 40 pour cent de leur temps aux conseils en matière d'économie domestique.

## 2. *Éducation des consommateurs*

Le service de la Commission pour les politiques à l'égard des consommateurs chargé de l'éducation des consommateurs emploie actuellement six personnes. Le budget de la Commission affecté à l'éducation des consommateurs s'élève à environ 5 millions de couronnes suédoises (500 000 écus). Il s'agit d'éduquer les enfants, les jeunes et les adultes dans le cadre du système scolaire suédois et des organisations de jeunes.

Ces deux dernières années, les travaux ont porté sur :

-- les droits des consommateurs ;

-- la publicité et l'influence commerciale ;

-- les habitudes des consommateurs et leurs conséquences pour l'environnement ; et

-- les finances des ménages.

Des cours ont été mis en place à l'intention des enseignants et des conférences ont été organisées dans le cadre des collèges de formation d'enseignants. Des enseignants étrangers ont pu bénéficier d'autres cours. Divers matériels ont été réalisés, notamment des manuels, des aides pédagogiques et des vidéos. Certaines publications de la Commission ont été traduites en anglais : *Covert Advertising ; A Hold on Life* (obsession de l'apparence physique/anorexie/ boulimie) ; *Smart Promotion* (commercialisation des produits du tabac) ; et *I Want More.*

## V. Relation entre la politique à l'égard des consommateurs et d'autres aspects de la politique gouvernementale

Le gouvernement s'emploie à lutter contre l'inflation et à stabiliser le déficit budgétaire de façon à éviter une hausse des taux d'intérêt et une dévalorisation de la monnaie suédoise. En outre, la nouvelle loi sur la concurrence, adaptée aux règles européennes, concourra à améliorer la concurrence au profit des consommateurs. L'attention se porte de plus en plus sur les problèmes d'environnement et leurs liens avec la consommation. Divers produits de consommation ont reçu un label écologique en 1994. La nouvelle loi sur l'étiquetage énergétique des appareils ménagers vise à sensibiliser les consommateurs à la consommation d'énergie lors de l'achat de ces appareils.

# Suisse

## I.  Évolution d'ordre institutionnel

En 1965, le gouvernement suisse a créé au sein du Département (ministère) de l'économie publique une Commission de la consommation et un Bureau de la consommation. Cette Commission et ce Bureau ont pour fonction de conseiller le gouvernement fédéral et l'administration sur toutes les questions ayant des conséquences potentielles sur les consommateurs. Le Bureau fait office de secrétariat de la Commission. En même temps, il sert de lien entre les associations de consommateurs et l'administration fédérale. Il veille enfin à promouvoir les solutions apportées aux problèmes des consommateurs en collaboration avec les fabricants et les distributeurs.

Au début de 1993, le gouvernement a publié un nouveau programme législatif visant à revitaliser le tissu économique national. La protection des consommateurs en constitue l'un des volets importants. Outre ce train de mesures, le gouvernement a souhaité adapter la législation aux évolutions récentes intervenues dans l'Union européenne. Ainsi, diverses lois nouvelles ou modifiées (27 au total) ont été adoptées par le Parlement en juin 1993 et doivent entrer progressivement en vigueur entre 1994 et 1996.

## II.  Protection physique (sécurité des produits)

A l'heure actuelle, la sécurité des produits de consommation est réglementée par diverses lois spécifiques à chaque catégorie de produits, dont les plus importantes concernent le contrôle des produits alimentaires, des produits à usage quotidien et des médicaments, le commerce de substances toxiques, la protection contre les radiations, les explosifs, les appareils et installations électriques (basse tension), la sécurité des installations et appareils techniques et les véhicules à moteur. Ces lois couvrent la plupart des types de produits et une large gamme de dangers potentiels. La loi sur la sécurité des installations et appareils techniques

157

réglemente les équipements (y compris les équipements de protection individuels), machines, outils et outillages, etc. destinés à un usage professionnel ou privé.

La Suisse, qui n'est pas membre de l'UE, transpose en toute autonomie les directives européennes les plus significatives qui concernent les produits industriels et les biens de consommation, les produits alimentaires et cosmétiques, les produits pharmaceutiques, les équipements médicaux, les substances dangereuses et les véhicules à moteur. La plupart de ces textes font actuellement l'objet d'une révision. Ces mesures législatives visent à réduire les obstacles techniques aux échanges et à garantir en Suisse le même niveau de protection des consommateurs que sur le marché de l'UE. Comparé aux pays de l'Union européenne, la Suisse est un pays tiers : le système des notifications à divers organismes n'est pas mis en oeuvre sur le territoire helvétique, et il n'y a pas non plus de reconnaissance mutuelle en matière d'essais et de certification. Des discussions bilatérales à ce propos sont actuellement en cours entre l'UE et la Confédération Helvétique. Un projet de loi relatif aux obstacles techniques aux échanges, qui servirait de base à un programme de reconnaissance mutuelle, a été soumis au Parlement fédéral.

L'ensemble de la réglementation relative aux produits alimentaires et aux produits à usage quotidien a fait l'objet d'une révision complète prenant en compte les différentes directives européennes. La nouvelle législation et les différentes ordonnances entreront en vigueur le 1er juillet 1995. La sécurité des jouets en fait partie, de même que les prescriptions relatives aux produits dangereux ressemblant à des produits alimentaires.

Le texte révisé de la loi sur la sécurité des installations et appareils techniques entrera en vigueur en 1995 avec l'ordonnance correspondante, et une ordonnance relative à la révision du système de surveillance du marché suivra ultérieurement. Cette législation, qui reprend les principes d'approche nouveaux et généraux de l'UE, transpose ainsi les directives sur les machines, appareils à gaz et équipements de protection individuels. Cette réglementation concerne les fabricants, mais aussi les importateurs et les revendeurs.

Il convient en outre de mentionner la réglementation sur les produits électriques basse tension qui a été émise le 7 décembre 1992. Une loi est en cours de préparation pour les produits de construction. De nouvelles législations sont également en cours d'élaboration pour les appareils médicaux, les substances dangereuses, les véhicules à moteur et les explosifs.

L'approche horizontale de la sécurité des produits adoptée dans la Directive de l'UE relative à la sécurité générale des produits (SGP) ne va pas être transposée pour le moment, et l'approche sectorielle (orientée produits) va donc être conservée. Comme par le passé, les autorités fédérales seront responsables de l'introduction et de la supervision des lois et réglementations sur la sécurité des produits. Leur application proprement dite sera du ressort de différentes agences fédérales, des cantons et/ou d'organismes spécialisés selon les catégories de produits. Sous l'influence de la Directive SGP, une meilleure coordination est envisagée dans le domaine des produits de consommation.

### III.  Protection de l'intérêt économique du consommateur

Le 1er janvier 1994 les lois fédérales suivantes, nouvelles ou révisées sont entrées en vigueur :

-- La loi sur la responsabilité des produits, qui est une transposition de la directive européenne correspondante. Les options offertes par la directive n'ont pas été toutes exploitées.

-- La loi sur le crédit à la consommation, transposition de la directive de l'UE sur le crédit à la consommation, donne à chaque canton la possibilité d'adopter une réglementation individuelle offrant une meilleure protection sociale, par exemple grâce à la fixation de taux d'intérêt moins élevés. Certains cantons devraient descendre en-dessous du plafond de 18 pour cent.

-- Une révision du Code des obligations a parachevé les règles relatives à la vente par démarchage en autorisant tout consommateur sollicité sur son lieu de travail à bénéficier d'un délai de réflexion de sept jours.

### La concurrence déloyale

Le texte révisé de la loi fédérale contre la concurrence déloyale comprend une nouvelle réglementation sur la publicité selon laquelle l'auteur d'une publicité doit prouver la véracité de ses affirmations (la charge de la preuve est ainsi inversée). Cette révision contient également des dispositions relatives aux informations qui doivent être fournies aux clients en matière de crédit à la consommation et de paiements échelonnés, particulièrement du point de vue des coûts. L'utilisation de formulaires incomplets ou inexacts pour le crédit à la consommation est également considéré comme une pratique déloyale.

### Les voyages organisés

La nouvelle loi sur les voyages organisés est entré en vigueur le 1er juillet 1994. Jusqu'à cette date, aucun texte spécifique ne réglementait ce secteur d'activité. La garantie offerte en cas de difficulté financière d'un agent de voyages est prise en charge à titre privé par un groupe de professionnels. Il n'est pas prévu que des intervenants extérieurs participent à la procédure de règlement.

*La commercialisation directe*

Il n'existe pas de texte spécifique s'appliquant à la commercialisation directe en tant que telle, mais quelques lois contiennent des dispositions applicables à certains aspects de cette activité :

--   Aucune obligation n'est faite à un consommateur de renvoyer ou au contraire de conserver des biens qui lui ont été livrés sans son consentement.

--   Tout consommateur se voit garantir un droit de retrait de sept jours pour les contrats conclus en-dehors des locaux professionnels du vendeur (au cours d'une excursion, sur son lieu de travail ou à l'occasion d'un démarchage à domicile). Le secteur de l'assurance est expressément exclu. Les sollicitations par téléphone ou par tout autre moyen de communication (téléachat, télécopie, courrier électronique, etc.) n'autorisent pas le consommateur à dénoncer le contrat.

--   Les méthodes commerciales particulièrement agressives sont considérées comme déloyales aux termes de la loi sur la concurrence déloyale.

Il convient de mentionner certaines mesures volontaires prises dans le secteur de la commercialisation directe :

--   Les membres de l'Association professionnelle suisse des sociétés de vente par correspondance accordent un droit de résiliation des contrats conclus à distance.

--   Les consommateurs ne souhaitant pas recevoir de documents par courrier ou de coups de téléphone peuvent le faire savoir en demandant que dans l'annuaire, leur nom soit suivi d'un astérisque.

--   Les consommateurs peuvent également refuser la distribution de prospectus en apposant un autocollant à cette fin sur leur boîte aux lettres. Les services postaux et les sociétés privées d'acheminement de courrier respectent le souhait ainsi formulé.

## IV.  Information et éducation du consommateur

Exercer ses activités dans un pays qui possède trois langues officielles fait peser des contraintes importantes sur les professionnels du commerce et de l'industrie, qui se soucient en général fortement que leurs informations passent bien auprès des consommateurs dans la langue parlée dans chaque région. La nouvelle loi fédérale sur les produits alimentaires et les produits à usage quotidien, dont l'entrée en vigueur est prévue pour le 1er juillet 1995, contient des règles obligatoires concernant l'usage des langues :

*i)* En principe, l'étiquetage des produits alimentaires doit être fait dans l'une au moins des langues officielles. Les étiquettes portant des indications dans d'autres langues doivent être complétées par des informations détaillées dans l'une des langues officielles de la Suisse.

*ii)* Le même principe vaut pour les produits à usage quotidien. Une réglementation particulière s'applique aux mises en garde, qui doivent être faites dans les trois langues officielles

*iii)* Pour le tabac et les produits similaires, les avertissements relatifs à la santé doivent être faits dans les trois langues officielles.

### *Étiquetage volontaire*

La loi de 1990 sur l'information des consommateurs vise à introduire une plus grande transparence sur le marché. L'un de ses volets concerne la mention des principales caractéristiques des biens ou des services. Selon cette loi, l'étiquetage fait l'objet d'accords libres entre les industriels, les associations de consommateurs et les organisations professionnelles, sauf pour les produits alimentaires, les substances toxiques et les médicaments. Ce n'est que lorsqu'aucun accord ne peut être conclu quant au contenu et à la forme des étiquettes que le gouvernement peut intervenir au moyen d'une ordonnance. Les étiquettes doivent être rédigées dans les langues officielles de la Confédération Helvétique.

Le premier accord sur l'étiquetage des chaussures date de 1973 et concerne le dessus, la doublure, la semelle intérieure et la semelle extérieure de la chaussure. L'étiquetage, qui fait l'objet d'un accord volontaire entre les professionnels de la chaussure et les associations de consommateurs, concerne la production nationale aussi bien que les importations. Ce secteur d'activité est prêt à s'adapter à toute réglementation européenne éventuelle en matière d'étiquetage des chaussures.

La garantie légale est réglementée de manière assez restrictive pour le consommateur par le Code des obligations, qui remonte à 1911. De fait, seul le vendeur est concerné par cette garantie, pour le motif qu'une relation contractuelle existe entre lui et l'acheteur. Les garanties commerciales peuvent ainsi réduire, voire supprimer, la garantie légale ; ces clauses ne cessent d'être valables que si le vendeur a, de manière frauduleuse, dissimulé à l'acheteur les défauts des produits concernés. La garantie légale, d'une durée d'un an, est accordée sur la base des qualités promises ou des défauts. Le consommateur ignorant très souvent l'existence de cette garantie légale, il accepte ainsi que ses droits soient amputés par la garantie commerciale, par les conditions générales de vente du vendeur ou par tout autre document contractuel. Notons qu'en Suisse, un grand distributeur a étendu à deux ans la garantie commerciale, créant ainsi une nouvelle norme en la matière.

## V.  Mécanismes de recours

Il existe en Suisse plusieurs services de conseil et systèmes de traitement des plaintes qui fonctionnent sur une base informelle. Au premier rang d'entre eux, il faut citer les associations de consommateurs qui, par définition, ont pour vocation de traiter un grand nombre de problèmes de consommation. La plupart des litiges peuvent ainsi être résolus de manière extra-judiciaire. Par ailleurs, certains acteurs économiques de poids comme les chaînes de distribution de détail, les compagnies d'assurance, les banques, le secteur des voyages, de la publicité, etc., possèdent des bureaux ou des services qui gèrent les plaintes des clients. Le plus souvent, ces services sont composés exclusivement de représentants du secteur concerné.

Un amendement à la constitution suisse en date du 14 juin 1981 (article 31.6) a ouvert aux consommateurs l'accès à la justice sur une base institutionnelle. Aux termes de ces dispositions, tous les cantons devaient instaurer soit une procédure simplifiée, soit une procédure d'arbitrage pour les actions intentées par les consommateurs. Le plafond des indemnités a été fixé à FS 8 000 par ordonnance fédérale. Depuis, tous les cantons ont adopté leurs propres procédures, la majorité d'entre eux ayant opté pour la procédure simplifiée, tandis qu'ils n'ont été que deux à choisir le système d'arbitrage. La procédure simplifiée est utilisée assez fréquemment et avec succès dans toutes sortes de litiges (contrats, ventes à crédit, crédit à la consommation, agences de voyages, services, problèmes de service après-vente, garanties, etc.), mais la diversité de ses modalités d'un canton à l'autre la rend parfois difficile à mettre en oeuvre. Dans certains cas, le juge essaie simplement de concilier les parties si les faits font l'objet d'un litige, ou ne prend aucune décision si l'une des parties n'est pas présente.

Il convient en outre de préciser que ce même article 31.6 de la Constitution donne aux associations de consommateurs le droit de dénoncer devant un tribunal des pratiques commerciales déloyales dans l'intérêt des consommateurs. A ce jour, les associations n'ont pas fait un usage intensif de cette possibilité juridique, sans doute pour des raisons économiques. Deux affaires intéressantes méritent d'être mentionnées. L'une concerne des banques offrant des services de crédit à la consommation qui n'avaient pas mentionné dans leurs publicités les informations requises par la loi. L'autre concerne une entreprise de commercialisation directe ayant eu recours à des pratiques commerciales déloyales en promettant des cadeaux à ses clients. Ces deux affaires ont été tranchées de manière plus ou moins positive pour les associations de consommateurs.

Depuis quelques années, on assiste à une augmentation du nombre des plaintes à l'encontre de sociétés qui, abusant de la bonne réputation dont jouit la Suisse dans les autres pays, en profitent pour diffuser des offres douteuses. Certaines ont leur siège en Suisse même, mais la plupart d'entre elles n'y possèdent qu'une boîte postale, leur siège et leur direction étant situés dans d'autres pays. L'objectif spécifique consiste à tromper les consommateurs sur l'implantation réelle du siège de l'entreprise et à compliquer toute poursuite. La Confédération Helvétique a réagi récemment à cette situation en modifiant la loi fédérale contre la concurrence déloyale. L'amendement adopté prévoit que la Confédération peut engager une action en justice contre une société utilisant des méthodes de vente déloyales ayant pour effet de nuire au prestige de la Suisse à l'étranger. Cela étant, les autorités fédérales ne peuvent engager une action pour le compte d'un tiers que si les personnes ayant des motifs pour saisir la justice résident à l'étranger. De ce fait, cette mesure ne peut être utilisée que dans les cas particulièrement flagrants. La présente expérience menée avec ce système en démontre la nécessité. Plusieurs affaires ont déjà été introduites devant les tribunaux et le fait même de l'existence de l'amendement influence les solutions extra-judiciaires.

## VI. Relation entre la politique à l'égard des consommateurs et d'autres aspects de la politique gouvernementale

Le programme législatif de revitalisation de l'économie suisse qui date du début de 1993 comporte divers projets gouvernementaux visant à un ajustement des paramètres économiques. Un projet de loi ayant pour objet la révision de la loi fédérale sur les cartels et organisations similaires a été soumis au parlement. Il prévoit une meilleure surveillance de ces organisations économiques spécifiques, notamment du point de vue administratif. Une nouvelle loi sur le "marché intérieur" est par ailleurs envisagée ; elle a pour objectif d'harmoniser les paramètres de la croissance économiques dans les 26 cantons de la Confédération. Une étude réalisée par le gouvernement a montré que de nombreux obstacles techniques et administratifs empêchaient la libre circulation des personnes, des biens et des services dans le pays (ceci vise en particulier les problèmes de reconnaissance des diplômes et de procédure de passation des marchés publics). D'un point de vue technique, diverses lois et ordonnances applicables à un certain nombre de catégories de produits seront adoptées ou révisées afin non seulement de suivre les évolutions intervenues en Europe, mais aussi de respecter les obligations de l'OMC.

# Union européenne

## I. Protection physique (sécurité des consommateurs)

### Sécurité des produits

-- *Directive 92/59/CEE du Conseil du 29 June 1992 relative à la sécurité générale des produits*[1]

Afin de prévenir d'éventuels problèmes d'interprétation des termes de la directive et d'assurer la cohérence dans son application, les services de la Commission ont organisé, durant les mois de novembre et décembre 1993, janvier et février 1994, des réunions bilatérales et un séminaire avec les différents services nationaux chargés de la mise en oeuvre de la directive, en vue de discuter des concepts et de trouver des solutions à des problèmes de compréhension qui pourraient surgir lors des travaux de transposition.

La directive 92/59/CEE, dont le contenu a été décrit dans le rapport précédent, est entrée en application le 29 juin 1994. A présent, les services de la Commission examinent le contenu des textes nationaux de transposition notifiés par les États membres par rapport à la directive.

La Commission poursuit l'examen avec les États membres des besoins en matière de coopération administrative et des modalités d'organisation de celle-ci. La Commission a adressé aux États membres un questionnaire servant de support aux discussions.

-- *Décision 93/580/CEE[2] concernant la mise en place d'un système communautaire d'échange d'informations pour certains produits qui risquent de compromettre la sécurité des consommateurs*

Dans l'attente de la mise en oeuvre de la directive 92/59/CEE, le Conseil a adopté, le 25 octobre 1993, la décision 93/580/CEE.

165

Le système d'échange d'informations, instauré par la décision pour la période s'étendant jusqu'au 29 juin 1994, avait pour objet de permettre à la Commission et aux États membres d'être informés des mesures nationales restreignant ou interdisant la commercialisation ou l'utilisation de produits de consommation non conformes à la règle qui leur est applicable et présentant un risque pour le consommateur.

Cette décision a permis d'anticiper la mise en oeuvre de certains aspects administratifs de la procédure de l'article 7 de la directive 92/59/CEE lors de la suppression des contrôles aux frontières intracommunautaires au 1er janvier 1993.

-- *Directive 87/357/CEE du Conseil du 25 juin 1987 relative aux produits qui, n'ayant pas l'apparence de ce qu'ils sont, compromettent la santé ou la sécurité des consommateurs[3]*

La directive 87/357/CEE du 25 juin 1987 sur les "imitations dangereuses" prévoit un système de notification des mesures nationales visant les produits qui, n'étant pas des denrées alimentaires, ont néanmoins leur apparence et peuvent donc être confondus avec elles, compromettant ainsi la santé des consommateurs en général et surtout des enfants.

Cette directive, transposée dans tous les États membres, a été utilisée très rarement depuis son origine. La raison en est certainement la coexistence de cette procédure avec le système d'alerte pour les produits dangereux prévu par l'article 8 de la directive 92/59/CEE.

-- *Recommandation de la Commission 92/579/CEE invitant les États membres à mettre en place les infrastructures nécessaires permettant l'identification des produits dangereux aux frontières extérieures[4]*

Cette mesure avait comme objectif de permettre aux autorités douanières d'identifier les produits réputés dangereux lors de la déclaration de mise en libre pratique à travers la promotion par les États membres d'une coopération étroite entre les autorités compétentes pour la surveillance du marché et les autorités douanières.

Selon les déclarations des États membres lors des réunions périodiques du Comité de gestion relatif aux contrôles de conformité des produits importés des pays tiers aux règles applicables en matière de sécurité des produits (Règlement du Conseil (CEE) No. 339/93 du 8 février 1993[5]), tous les États membres ont mis en oeuvre la recommandation en établissant une coopération étroite entre les différentes autorités concernées.

## -- *Accidents domestiques et de loisirs : le système EHLASS*

Le système communautaire d'information sur les accidents domestiques et de loisirs (EHLASS) a été institué pour l'année 1993 par la décision 93/683/CEE du Conseil du 29 octobre 1993[6].

Le 7 décembre 1994, le Parlement européen et le Conseil ont adopté la décision 3092/94/CE[7], instituant le système EHLASS pour la période 1994-1997.

L'objectif est d'organiser et de coordonner la collecte de données sur les accidents domestiques et de loisirs pour les besoins d'une politique de prévention. Les États membres collectent les données, soit au moyen d'un réseau d'hôpitaux, soit par voie d'enquêtes auprès des ménages (Allemagne, Espagne, Luxembourg). Le rôle de la Commission est d'assurer la coordination méthodologique de la collecte des données, d'effectuer la synthèse annuelle et de diffuser celle-ci. La décision organise le soutien financier de la Communauté.

## -- *Directive 88/378/CEE du Conseil du 3 mai 1988 concernant le rapprochement des législations des États membres relatives à la sécurité des jouets*[8]

Cette directive est entrée en application le 1er janvier 1990 dans les États membres.

En ce qui concerne la mise en oeuvre de la directive 88/378/CEE, la situation est globalement positive. Les 12 États membres ont transposé la directive dans leurs législations nationales qui sont en conformité totale avec celle-ci. Les trois nouveaux pays adhérents (Autriche, Finlande et Suède) ont déjà transposé la directive dans le cadre de l'accord sur l'Espace Economique Européen.

Elle définit les exigences essentielles de sécurité des jouets relatives à leurs propriétés physiques et mécaniques, à leur inflammabilité, à leurs propriétés chimiques, électriques, à l'hygiène et à la radioactivité.

La directive définit en outre les procédures de certification préalables à l'apposition du marquage CE, qui donne la présomption de conformité du produit aux exigences de la directive. L'apposition du marquage CE sur les jouets est en effet obligatoire avant leur mise sur le marché, que ce soit à titre onéreux ou à titre gratuit. Les dispositions concernant le marquage CE ont été modifiées par l'article 3 de la directive 93/68/CEE du Conseil du 22 juillet 1993 et qui est d'application dans les États membres depuis le 1er juillet 1994.

La présomption de conformité repose sur la déclaration du fabricant -- quel que soit son pays d'implantation dans ou hors de l'Union européenne -- ou de son mandataire établi dans l'Union européenne, soit qu'il a respecté la norme européenne EN 71, soit que les jouets sont conformes au modèle qu'il a soumis pour examen de conformité aux exigences essentielles à un organisme agréé pour la certification, lorsqu'il n'a pas respecté en tout ou en partie la norme européenne (procédure de l'examen CE de type).

Pour faciliter la preuve de la conformité des jouets aux exigences essentielles de la conformité, la Commission a donné mandat aux instituts européens de normalisation (le CEN - Comité européen de normalisation et le CENELEC - Comité européen de normalisation électrotechnique) d'établir une norme harmonisée européenne qui, en se basant sur les exigences essentielles imposées par la directive, décrivent en détail les spécifications techniques et les méthodes d'essai.

La norme EN 71 élaborée par le CEN sur la sécurité des jouets comporte actuellement six parties :

-- partie 1 sur les propriétés physiques et mécaniques ; la version de 1988 est actuellement en cours de révision ;

-- partie 2 sur l'inflammabilité des jouets ; sa version révisée a été ratifiée en octobre 1993 ;

-- partie 3 sur la migration de certains éléments (métaux lourds) à partir des matériaux constitutifs des jouets (peintures, vernis, encres, etc.) ; la version de 1988 est également en cours de révision ;

-- partie 4 sur les coffrets d'expériences chimiques ; la version de 1990 est également en cours de révision ;

-- partie 5 sur les jouets chimiques autres que les coffrets d'expériences chimiques ; elle a été ratifiée en mai 1993 ; et

-- partie 6 sur les pictogrammes (symboles graphiques à utiliser comme avertissement sur l'âge de l'enfant auquel le jouet est destiné) ; elle a été ratifiée en août 1994.

Le document d'harmonisation HD 271 S1 et ses trois amendements établis par le CENELEC sur les exigences à respecter en matière de jouets électriques, à savoir l'alimentation du jouet et des pièces par une tension nominale inférieure à 24 volts, sera remplacée par la norme EN 50088 sur la sécurité des jouets électriques après sa ratification.

La contre-partie de la déclaration de conformité par le fabricant réside dans les contrôles de marché, qui sont de compétence nationale. Ce sont les États membres qui doivent assurer l'organisation et le fonctionnement de leurs autorités de contrôle. Celles-ci ont pour mission de vérifier que l'apposition du marquage CE est justifiée, en d'autres termes que les jouets sont conformes aux exigences essentielles de sécurité imposées par la directive 88/378/CEE. Les contrôles sont effectués sur des échantillons prélevés sur le marché. Les autorités de contrôle ont en outre accès aux dossiers techniques que les fabricants ou leur mandataire établi dans l'Union européenne doivent tenir à leur disposition à des fins de contrôle.

L'application de la directive 88/378/CEE n'a pas donné lieu à de gros problèmes. Son objectif de libre circulation des produits est atteint. Mais l'appréciation du fonctionnement des mécanismes de contrôle du marché des jouets aux exigences essentielles de sécurité doit être nuancée. Ceux-ci ont été mis en place par les états membres. Cependant, d'après les informations dont dispose la Commission, les contrôles de marché ne sont pas effectués de façon homogène à travers l'Union européenne, avec en corollaire une efficacité variable selon les états membres.

Les informations dont dispose la Commission proviennent de deux sources. D'une part, les États membres sont tenus par la directive de lui soumettre tous les trois ans un rapport sur l'application de la directive dans leur pays. Jusqu'à présent, tous les États membres n'ont pas encore fourni ce rapport.

D'autre part, la Commission est informée de certaines mesures de retrait ou de restriction de mise sur le marché de jouets considérés non conformes par les autorités de contrôle par le biais des notifications qu'elle reçoit régulièrement de certains États membres au titre de la clause de sauvegarde prévue par la directive. Pour la période 1993-1994, la clause de sauvegarde a été utilisée soixante-quatorze fois de manière estimée justifiée par la Commission ; celle-ci en a immédiatement informé tous les États membres. Il faut y ajouter quatre notifications dans le système d'échange rapide "produits dangereux" que la Commission a traitées sous la clause de sauvegarde de la directive 88/378/CEE. En matière de notification à la Commission également, l'application de la directive n'est pas uniforme dans l'ensemble des États membres.

L'exécution des contrôles est un aspect primordial dans le cadre de la mise en oeuvre de cette directive et à ce titre, elle fait l'objet d'une attention particulière lors des discussions bilatérales que la Commission a entamé début

1994 avec les autorités de contrôle de chaque État membre. Cet exercice sera terminé à la fin du premier semestre 1995, et la Commission devrait disposer alors également de l'ensemble des rapports d'activité. La synthèse de ces informations permettra à la Commission de dégager les modalités de collaboration entre autorités de contrôle nationales au moyen d'échanges d'informations et d'expériences entre elles, mais également entre les organismes notifiés pour la certification et entre organismes notifiés et autorités de contrôle. L'objectif de la Commission est donc de réussir à atteindre un niveau d'efficacité homogène des contrôles de marché sur le territoire de l'Union européenne afin de préserver la crédibilité du marquage CE comme marquage de conformité pour les autorités de contrôle tel que prévu par la directive 88/378/CEE.

-- *Directive 76/768/CEE du Conseil du 27 juillet 1976 concernant le rapprochement des législations des États membres relatives aux produits cosmétiques et 16ème et 17ème adaptation et sixième modification*

Le secteur cosmétique est réglementé, au niveau européen, par la directive "Cosmétiques" (Directive 76/768/CEE[9]). Le but de cette directive est d'harmoniser les dispositions légales dans les États membres avec un double objectif : assurer la sécurité des consommateurs utilisant des produits cosmétiques et garantir la libre circulation de ces produits à l'intérieur de l'Union européenne.

Pour ce faire, la directive pose le principe que les produits cosmétiques mis sur le marché ne doivent pas nuire à la santé humaine lorsqu'ils sont appliqués dans des conditions normales ou raisonnablement prévisibles d'utilisation (article 2). Par ailleurs, la directive stipule que seuls les produits cosmétiques conformes aux dispositions de la directive et de ses annexes peuvent être mis sur le marché (article 3). Enfin, la directive précise l'information qui doit être fournie à l'utilisateur (article 6).

La directive comporte plusieurs annexes, régulièrement mises à jour, qui spécifient les substances dont l'utilisation dans les produits cosmétiques est interdite (annexe II), les substances que les produits cosmétiques ne peuvent contenir en dehors des restrictions et conditions prévues (Annexe III), les colorants (annexe IV), conservateurs (annexe VI) et filtres U.V. (annexe VII) admis. Pour ces trois dernières catégories de produits, seules les substances inclues dans ces listes "positives" peuvent être utilisées.

Durant les années 1993 et 1994, la directive "Cosmétiques" a été modifiée :

-- par les 16ème et 17ème directives de la Commission adaptant les annexes de la directive de base au progrès technique ; et

-- par la sixième modification : la Directive 93/35 du Conseil modifiant pour la sixième fois la directive de base et qui a profondément changé le texte même de la directive de base.

*i)* 16ème Adaptation (Directive 93/47/CEE de la Commission[10]) et 17ème Adaptation (Directive 94/32/CEE de la Commission[11]) :

. ces adaptations concernent uniquement les annexes ;

. actuellement, l'Annexe II comporte 413 substances interdites ;

. l'Annexe III contient 64 substances soumises à des restrictions et conditions d'emploi et une substance provisoirement admise ;

. l'Annexe IV contient 157 colorants admis ;

. l'Annexe VI comporte 48 conservateurs admis et 6 provisoirement admis ; et

. l'Annexe VII comporte huit filtres U.V. admis et 12 provisoirement admis.

Les substances provisoirement admises sont admises définitivement lorsque tous les éléments du dossier toxicologique sont disponibles et permettent de les considérer comme étant sans danger pour la santé.

*ii)* Sixième Modification (Directive 93/35/CEE[12]) :

Cette sixième modification répond aux exigences de sécurité et de transparence, permettant une meilleure information du consommateur, ainsi qu'aux questions soulevées par les tests sur animaux.

Les principales modifications sont les suivantes :

2.1. *Précisions apportées à certaines formulations.*

La définition du produit cosmétique a été affinée de façon à assurer une meilleure distinction entre produits cosmétiques et pharmaceutiques (article 1).

2.2. *Information plus complète du consommateur (article 6).*

Celle-ci se fait tout d'abord par l'étiquetage. L'indication de la fonction du produit et la liste des ingrédients dans l'ordre décroissant de leur importance pondérale ont été ajoutées aux cinq mentions déjà obligatoires (identité du fabricant, contenu nominal, date de durabilité minimale, précautions particulières d'emploi et numéro de lot de fabrication). A cette exigence d'étiquetage est liée l'obligation, pour la Commission, d'élaborer un inventaire des ingrédients utilisés dans l'industrie cosmétique (article 5bis). Cet inventaire est une liste indicative, basée sur l'information fournie par l'industrie et qui sera périodiquement mise à jour. L'inventaire fournit le nom INCI, l'identification chimique, les numéros EINECS et CAS, l'index des couleurs et la dénomination commune [article 7 (2)] qui sera utilisée dans l'étiquetage. Une telle nomenclature commune permettra un étiquetage compréhensible et uniformisé, répondant aux exigences des consommateurs et de l'industrie.

2.3.   *Dépôt d'un dossier européen unique par le fabricant ou l'importateur d'un produit cosmétique.*

Ce dossier sera exigible à partir du 1er janvier 1997 et devra être accessible aux autorités compétentes des États membres. Il devra comporter les éléments d'information suivants :

-- la formule qualitative et quantitative du produit ;

-- les spécifications physico-chimiques et microbiologiques des matières premières ;

-- les méthodes de fabrication ;

-- l'évaluation de la sécurité pour la santé humaine du produit fini ainsi que le nom de la personne responsable de l'évaluation ;

-- les données existantes relatives aux effets indésirables ; et

-- la preuve de l'effet revendiqué.

2.4.   *Interdiction de l'expérimentation animale.*

Selon l'Article 4 (1)(i), la mise sur le marché d'ingrédients ou de combinaisons d'ingrédients expérimentés sur des animaux après le 1er janvier 1998 sera interdite. Cependant, si des méthodes alternatives offrant une protection équivalente au consommateur n'ont pu être développées et validées à cette date, la Commission devra proposer des mesures visant à reporter la date d'application de cette disposition.

Entre-temps, la Commission doit présenter un rapport annuel au Parlement européen et au Conseil sur les progrès réalisés dans ce domaine.

Dans le cadre de la mise en application du sixième amendement de la directive "Cosmétiques", d'importants documents ont été ou sont sur le point d'être adoptés et publiés :

-- l'inventaire des ingrédients employés dans les produits cosmétiques. Il comprend environ 7 000 ingrédients dont la dénomination chimique sera traduite dans les diverses langues de l'Union européenne (adoption prévue avant l'été de 1995).

-- la directive de la Commission sur la confidentialité (Article 6). Elle précise les critères et conditions suivant lesquels un fabricant peut demander, pour des raisons de confidentialité commerciale, la non-inscription d'un ou de plusieurs ingrédients sur la liste figurant sur l'emballage des produits cosmétiques (directive en cours d'adoption).

-- Un premier rapport sur le développement et l'acceptation légale des méthodes alternatives à l'expérimentation animale a été présenté au Parlement européen et au Conseil en décembre 1994.

-- Enfin, la 18ème Adaptation au progrès technique de la directive "Cosmétiques" est en cours d'élaboration.

### Responsabilité du prestataire de services

Le 23 juin 1994, la Commission a adopté une communication[13] aboutissant au retrait de la proposition de directive relative à la responsabilité du prestataire de services du 20 décembre 1990[14]. De nouvelles orientations en la matière sont définies dans cette communication : la possibilité du recours à des instruments volontaires, le développement de l'information du consommateur et le recours éventuel à des instruments contraignants pour les secteurs pour lesquels des besoins seraient confirmés.

### II. Protection de l'intérêt économique du consommateur

-- *Directive du Conseil 93/13/CEE du 5 avril 1993 concernant les clauses abusives dans les contrats conclus avec les consommateurs[15]*

Cette directive considère comme abusives les clauses contractuelles qui, en dépit de l'exigence de bonne foi, créent au détriment du consommateur un déséquilibre significatif entre les droits et obligations des parties découlant du contrat. Elle établit également une obligation de transparence : les clauses contractuelles doivent toujours être rédigées de façon claire et compréhensible.

*Union européenne*

Les clauses abusives sont inapplicables à l'égard des consommateurs, et les États membres doivent prévoir des procédures juridictionnelles ou administratives pour permettre d'obtenir la cessation de l'utilisation des clauses abusives par les professionnels. La directive contient encore, en annexe, une liste indicative et non-exhaustive des clauses qui doivent normalement être considérées comme abusives. La date limite pour la transposition de la directive a été fixée au 31 décembre 1994.

-- *Proposition modifiée de directive concernant la publicité comparative et modifiant la Directive 84/450/CEE sur la publicité trompeuse*[16]

Cette proposition tient compte de certains amendements du Parlement européen et de quelques suggestions du Comité économique et social. Actuellement la proposition est sur la table du groupe de travail compétent du Conseil.

-- *Directive 94/47/CE du Parlement européen et du Conseil du 26 octobre 1994 concernant la protection des acquéreurs pour certains aspects des contrats portant sur l'acquisition d'un droit d'utilisation à temps partiel de biens immobiliers*[17]

La directive accorde un socle minimal de protection aux acquéreurs de droits de timesharing. Parmi les dispositions adoptées on peut citer les suivantes : l'établissement d'un délai de dix jours, après la signature du contrat, pendant lequel le consommateur peut se rétracter sans indiquer de motif ; l'interdiction d'avances de paiement avant la fin de la période d'exercice du droit de rétractation ; les éléments minimaux d'information que doit contenir le contrat ; et, quelle que soit la loi applicable, que l'acquéreur ne soit pas privé de la protection accordée par la directive si le bien immobilier est situé sur le territoire d'un État membre.

La date limite pour la transposition de la directive en droit national a été fixée au plus tard 30 mois après sa publication au Journal officiel des Communautés européennes.

### Livre Vert sur les garanties et services après-vente

La Commission a adopté le 15 novembre 1993 un Livre Vert[18] sur les garanties (légales et commerciales) des biens de consommation et les services après-vente. Suite aux consultations engagées sur base de ce Livre Vert et notamment à la demande du Parlement européen, la Commission doit présenter une proposition de directive dans le courant de l'année 1995.

*Proposition de directive concernant les virements transfrontières*

Depuis 1990 la Commission a lancé un programme de travail destiné à améliorer l'efficacité des paiements transfrontières. Cela s'est traduit notamment par la présentation d'une directive concernant les virements transfrontières. Cette proposition[19] comporte des mesures relatives aux informations à fournir avant et après la transaction. Elle fixe un délai maximum de cinq jours sauf convention contraire. Elle prévoit que les virements doivent être sans frais pour le bénéficiaire (interdiction du "double charging"), sauf si le client demande un autre système. Enfin elle prévoit un système d'indemnisation.

### III.  Information et éducation des consommateurs

*Allégations concernant les denrées alimentaires*

Les services de la Commission européenne préparent actuellement un projet de directive relative à l'utilisation d'allégations concernant les denrées alimentaires.

Ce projet répond à un triple souci:

-- réaliser un niveau élevé de protection des consommateurs par le biais d'une meilleure information ;

-- améliorer la libre circulation des denrées alimentaires dans le marché intérieur ; et

-- augmenter la sécurité juridique pour les opérateurs économiques.

Il apparaît en effet que les États membres ont développé un nombre croissant de législations plus ou moins détaillées dans le domaine des allégations alimentaires. Ces différentes approches peuvent être source de distorsions de concurrence et d'entraves à la libre circulation des denrées alimentaires.

Le projet envisage donc d'établir des principes généraux applicables à l'utilisation des allégations, permettant, à la fois, d'encadrer les initiatives prises par les utilisateurs d'allégations et d'orienter les États membres dans les décisions qu'ils sont amenés à prendre en ce qui concerne le caractère éventuellement trompeur d'une allégation dans le cadre d'une contestation émise par un consommateur ou un opérateur économique.

-- *Résolution du Conseil du 2 mars 1993 sur les possibilités d'améliorer l'étiquetage[20]*

La Commission a lancé en exécution de cette résolution une réflexion sur la question de la langue employée, et a présenté le 10 novembre 1993 une double contribution sous forme de deux communications,

   *i)*   Communication concernant l'emploi des langues pour l'information des consommateurs dans la Communauté[21]

Cette communication comprend les thèmes suivants :

-- favoriser l'information multilingue ;

-- garantir aux États membres la liberté d'exiger au moins la langue du pays de mise à la consommation ;

-- améliorer la cohérence du droit communautaire ;

-- améliorer l'échange d'information sur les règles linguistiques applicables ;

-- préciser, dans le droit nouveau, la personne responsable de cette information.

Dans le même temps, la DG XV a proposé une communication interprétative [Com (93) 532] concernant l'emploi des langues pour la commercialisation des denrées alimentaires à la suite de l'arrêt Peeters.

Le Parlement européen a adopté en avril 1994 une résolution demandant à la Commission d'élaborer une directive-cadre sur d'autres actions.

-- *Directive 79/581/CEE du Conseil du 19 juin 1979 relative à la protection des consommateurs en matière d'indication des prix des denrées alimentaires et amendement (dir. 88/315/CEE)[22]*

-- *Directive 88/314/CEE du Conseil du 7 juin 1988 relative à l'indication des prix des produits non-alimentaires[23].*

La Commission a entrepris un exercice de révision de ces directives. Elle a adopté une proposition de directive visant à prolonger de quatre ans la période transitoire relative à l'indication des prix à l'unité, qui devait venir à échéance le 7 juin 1995.

Parallèlement, elle a travaillé à la simplification du régime d'indication des prix, et a réfléchi notamment à la question du maintien des gammes de préemballage pour les produits faisant l'objet d'une indication du prix à l'unité.

-- *Résolution du Conseil du 5 avril 1993 sur les mesures futures en matière d'étiquetage des produits dans l'intérêt des consommateurs*[24]

La Commission, invitée par cette résolution à réfléchir sur les possibilités d'action, au niveau communautaire, en matière d'étiquetage, a choisi d'aborder le problème par secteurs et de tester la voie volontariste.

A partir des travaux d'un groupe de travail réunissant des représentants des consommateurs et des professionnels, un code de conduite sur l'étiquetage des appareils photographiques a été élaboré.

### Information des consommateurs

#### Essais comparatifs

La Commission a poursuivi sa politique binôme adoptée au début des années 90:

-- l'aide aux organisations des consommateurs dans les pays du sud de l'Union européenne et en Irlande afin de développer leur capacité pour effectuer des essais ;

-- stimulation de la coopération internationale dans ce domaine vers la publication des résultats d'essai couvrant le Marché intérieur unique dans son ensemble, c'est-à-dire comprenant la couverture complète de produits "MIU", l'information sur les prix et le conseil pour les achats transfrontaliers. (Cette coopération est normalement limitée au travail technique puisque les résultats publiés ne couvrent que la situation sur le marché national).

Le Guide européen sur les caméras et les camcorders publié en 1992 a été suivi en 1993 par une série de feuillets couvrant des pneus de voitures, des sièges de sécurité pour les enfants dans les voitures et des imprimantes pour les ordinateurs personnels. Des travaux préparatoires pour un Guide européen sur l'achat d'une voiture ont été lancés en 1994. Un deuxième guide sur les caméras sera publié en 1995.

### Mass médias

Avec la coopération d'une organisation de communications publiques spécialisée, la Commission a entrepris un programme d'actions d'information sur la politique des consommateurs de l'Union européenne en 1993. Ceci a impliqué l'élaboration d'une série d'exposés détaillés pour les organisations des consommateurs et les médias audiovisuels, qui ont été présentés lors de conférences tenues dans chaque État membre.

### D'autres activités d'information

Les informations susmentionnées ont été également utilisées, en 1994, comme base pour des actions d'information, comportant en grande partie la production et la distribution de matériel imprimé sur des sujets spécifiques, qui ont été entreprises par plusieurs organisations de consommateurs avec l'aide financière de la Commission.

La même année, *le Guide du consommateur européen dans le marché unique* a été écrit, traduit et lancé. Ce guide représente une étape importante pour la Commission en ce qui concerne la fourniture d'informations appropriées aux citoyens. Il est écrit dans un langage facilement compréhensible et essaie d'expliquer, du point de vue du consommateur, les avantages potentiels du Marché unique, et les actions entreprises par l'Union européenne en vue de protéger leurs intérêts. Le guide ne constitue cependant pas un exercice de propagande, puisqu'il attire également l'attention des consommateurs sur les faiblesses du cadre législatif et sur certains problèmes qui n'ont pas encore été résolus.

Le projet-pilote qui a pour objectif de créer un réseau de centres européens d'information pour les consommateurs dans les régions à mouvements transfrontiers significatifs des consommateurs, a continué à être développé. En 1993, cinq nouveaux centres, ainsi que deux antennes, sont devenus opérationnels, apportant ainsi le nombre total des régions couvertes à dix.

*Éducation des consommateurs*

Les écoliers sont une cible particulièrement vulnérable pour la publicité. En décembre 1993, la Commission a lancé le premier concours européen du jeune consommateur comme instrument pour promouvoir l'éducation des consommateurs dans les écoles dans les États membres.

Le concours avait pour but de rendre les jeunes, dans la classe d'âge de dix à quatorze ans, plus conscients des questions importantes pour les consommateurs. Il a été organisé dans tous les États membres de l'Union européenne par l'Institut européen interrégional de la consommation. Après présélection au niveau national, un jury européen a désigné les travaux présentés les plus adaptés à relayer le message du concours.

Les participants ont été invités à élaborer un projet d'information sur le thème "choisir un produit" qui pouvait prendre différentes formes telles que la projection de diapositives, des revues, des brochures, des affiches, des vidéos etc. Ils étaient libres d'aborder ce thème sous une multitude d'angles : prix, qualité, étiquetage, sécurité, incidences sur l'environnement, durabilité, etc. Les travaux effectués ont dû viser et être montrés à d'autres jeunes élargissant ainsi le nombre d'enfants impliqués.

Le concours de 1994 a été jugé par tous les intéressés comme un outil scolaire efficace pour stimuler l'intérêt pour l'éducation des consommateurs dans toute l'Union européenne.

## Consommation écologique et soutenable

### Orientations

Le deuxième plan d'action triennal de la Commission (1993-1995) sur la politique des consommateurs mentionne qu'un lien étroit existe entre la politique à l'égard des consommateurs et la politique de l'environnement, lien qui fonctionne dans les deux sens. Pour être réellement efficace, les objectifs de la protection de l'environnement exigent qu'un changement ait lieu dans le comportement du consommateur de sorte que les ressources soient utilisées de façon rationnelle, et luttant contre le gaspillage.

Le cinquième programme d'action de la Commission "Vers un développement durable" a pour objectif d'intégrer cette dimension dans les politiques sectorielles et exige des voies de production et de consommation soutenables. Inversement, de telles mesures environnementales profitent indéniablement aux consommateurs en améliorant leur qualité de vie ainsi que la sécurité des installations industrielles.

L'instrument le plus direct de la DG XXIV "Politique des consommateurs" dans ce domaine est un budget pour la "consommation soutenable". L'objectif des crédits est de faciliter le financement des actions conçues pour sensibiliser les consommateurs aux problèmes de l'environnement et pour encourager le développement d'habitudes de consommation moins préjudiciables à l'environnement.

Vingt-trois actions ont été subventionnées au cours de 1993 - 1994. Il s'agissait d'actions à petite échelle de nature à informer/sensibiliser les consommateurs, la plupart du temps au niveau national.

En 1993, l'accent des projets était mis sur des actions dirigées vers la diffusion d'informations générales. En 1994, la préférence a été donnée, d'une part, aux actions concrètes et pratiques qui exercent un effet direct sur le comportement du consommateur, d'autre part, à des actions qui ont connu une réussite dans le passé. Ces actions ont été stimulées dans d'autres États membres (par exemple le téléphone vert).

Quatre projets principaux mentionnés en tant qu'exemples :

1.   la création d'un téléphone vert (conseil aux consommateurs) ;

2.   des campagnes d'information et de sensibilisation ;

3.   des campagnes d'information/ de sensibilisation portant sur des thèmes spécifiques (par exemple agriculture organique, eco-textile, déchets des ménages, recyclage) ;

4.   l'établissement d'un réseau de tables rondes auxquelles participent les consommateurs, les producteurs et les autorités.

Les organisateurs des projets étaient principalement des organisations de consommateurs et des organisations s'occupant des problèmes d'environnement de tous les États membres de l'Union européenne.

## IV.  Mécanismes de recours et de réclamation

*Accès des consommateurs à la justice et le règlement des litiges de consommation*

La Commission a adopté, le 17 novembre 1993, le Livre Vert sur l'accès des consommateurs à la justice et le règlement des litiges de consommation dans le

Marché unique[25]. Le Livre Vert offre une analyse détaillée des difficultés liées au règlement des litiges transfrontaliers, concernant soit les procédures judiciaires, soit certaines modalités non judiciaires telles que l'arbitrage et le "médiateur". Il ressort de cette analyse que la complexité du traitement des litiges intracommunautaires est finalement liée à l'existence de frontières juridiques et judiciaires au sein de l'espace communautaire. C'est pourquoi la Commission propose quelques pistes de réflexion, afin de promouvoir un débat approfondi sur les initiatives à envisager au niveau communautaire. Les milieux intéressés avaient jusqu'au 31 mai 1994 pour transmettre à la Commission leurs commentaires et leurs suggestions, dans un domaine qui touche les individus et les entreprises dans leur vie quotidienne.

## Notes

1. J.O. L 228 du 11.08.1992.
2. J.O. L 278 du 11.11.1993.
3. J.O. L 192 du 11.07.1987.
4. J.O. L 374 du 22.12.1992.
5. J.O. L 40 du 17.02.1993.
6. J.O. L 319 du 21.12.1993.
7. J.O. L 331 du 21.12.1994.
8. J.O. L 187 du 16.07.1988.
9. J.O. No. L 262 du 27.9.1976.
10. J.O. No. L 203 du 13.8.1993.
11. J.O. No. L181 du 15.7.1994?
12. J.O. No. L151 du 23.6.1993.
13. OM (94) 260 final.
14. OM (90) 482.
15. J.O. No L 95 du 21 avril 1993.
16. J.O. C 136 du 19.05.1994.
17. J.O. L 280 du 29.10.1994.
18. OM (93) 509 final.
19. OM (94) 436 final du 18.11.94 et JOCE No. C 360 du 17.12.94?
20. J.O. C 110 du 20.04.1993.
21. OM (93) 456 final.
22. J.O. L 158 du 26.06.1979 -- J.O. L 142 du 9.6.1988.
23. J.O. L 142 du 09.06.1988.
24. J.O. C 110 du 20.04.1994.
25. Doc. COM (93) 576 final.

# MAIN SALES OUTLETS OF OECD PUBLICATIONS
# PRINCIPAUX POINTS DE VENTE DES PUBLICATIONS DE L'OCDE

**ARGENTINA – ARGENTINE**
Carlos Hirsch S.R.L.
Galería Güemes, Florida 165, 4° Piso
1333 Buenos Aires   Tel. (1) 331.1787 y 331.2391
Telefax: (1) 331.1787

**AUSTRALIA – AUSTRALIE**
D.A. Information Services
648 Whitehorse Road, P.O.B 163
Mitcham, Victoria 3132       Tel. (03) 9873.4411
Telefax: (03) 9873.5679

**AUSTRIA – AUTRICHE**
Gerold & Co.
Graben 31
Wien I                 Tel. (0222) 533.50.14
Telefax: (0222) 512.47.31.29

**BELGIUM – BELGIQUE**
Jean De Lannoy
Avenue du Roi 202 Koningslaan
B-1060 Bruxelles   Tel. (02) 538.51.69/538.08.41
Telefax: (02) 538.08.41

**CANADA**
Renouf Publishing Company Ltd.
1294 Algoma Road
Ottawa, ON K1B 3W8        Tel. (613) 741.4333
Telefax: (613) 741.5439

Stores:
61 Sparks Street
Ottawa, ON K1P 5R1        Tel. (613) 238.8985
211 Yonge Street
Toronto, ON M5B 1M4       Tel. (416) 363.3171
Telefax: (416)363.59.63

Les Éditions La Liberté Inc.
3020 Chemin Sainte-Foy
Sainte-Foy, PQ G1X 3V6    Tel. (418) 658.3763
Telefax: (418) 658.3763

Federal Publications Inc.
165 University Avenue, Suite 701
Toronto, ON M5H 3B8       Tel. (416) 860.1611
Telefax: (416) 860.1608

Les Publications Fédérales
1185 Université
Montréal, QC H3B 3A7      Tel. (514) 954.1633
Telefax: (514) 954.1635

**CHINA – CHINE**
China National Publications Import
Export Corporation (CNPIEC)
16 Gongti E. Road, Chaoyang District
P.O. Box 88 or 50
Beijing 100704 PR         Tel. (01) 506.6688
Telefax: (01) 506.3101

**CHINESE TAIPEI – TAIPEI CHINOIS**
Good Faith Worldwide Int'l. Co. Ltd.
9th Floor, No. 118, Sec. 2
Chung Hsiao E. Road
Taipei         Tel. (02) 391.7396/391.7397
Telefax: (02) 394.9176

**CZECH REPUBLIC – RÉPUBLIQUE TCHÈQUE**
Artia Pegas Press Ltd.
Narodni Trida 25
POB 825
111 21 Praha 1            Tel. (2) 2 46 04
Telefax: (2) 2 78 72

**DENMARK – DANEMARK**
Munksgaard Book and Subscription Service
35, Nørre Søgade, P.O. Box 2148
DK-1016 København K       Tel. (33) 12.85.70
Telefax: (33) 12.93.87

**EGYPT – ÉGYPTE**
Middle East Observer
41 Sherif Street
Cairo                     Tel. 392.6919
Telefax: 360-6804

**FINLAND – FINLANDE**
Akateeminen Kirjakauppa
Keskuskatu 1, P.O. Box 128
00100 Helsinki
Subscription Services/Agence d'abonnements :
P.O. Box 23
00371 Helsinki            Tel. (358 0) 121 4416
Telefax: (358 0) 121.4450

**FRANCE**
OECD/OCDE
Mail Orders/Commandes par correspondance:
2, rue André-Pascal
75775 Paris Cedex 16      Tel. (33-1) 45.24.82.00
Telefax: (33-1) 49.10.42.76
Telex: 640048 OCDE
Internet: Compte.PUBSINQ @ oecd.org

Orders via Minitel, France only/
Commandes par Minitel, France exclusivement :
36 15 OCDE

OECD Bookshop/Librairie de l'OCDE :
33, rue Octave-Feuillet
75016 Paris              Tel. (33-1) 45.24.81.81
(33-1) 45.24.81.67

Dawson
B.P. 40
91121 Palaiseau Cedex     Tel. 69.10.47.00
Telefax : 64.54.83.26

Documentation Française
29, quai Voltaire
75007 Paris               Tel. 40.15.70.00

Economica
49 rue Héricart
75015 Paris               Tel. 45.78.12.92
Telefax : 40.58.15.70

Gibert Jeune (Droit-Économie)
6, place Saint-Michel
75006 Paris               Tel. 43.25.91.19

Librairie du Commerce International
10, avenue d'Iéna
75016 Paris               Tel. 40.73.34.60

Librairie Dunod
Université Paris-Dauphine
Place du Maréchal de Lattre de Tassigny
75016 Paris               Tel. 44.05.40.13

Librairie Lavoisier
11, rue Lavoisier
75008 Paris               Tel. 42.65.39.95

Librairie des Sciences Politiques
30, rue Saint-Guillaume
75007 Paris               Tel. 45.48.36.02

P.U.F.
49, boulevard Saint-Michel
75005 Paris               Tel. 43.25.83.40

Librairie de l'Université
12a, rue Nazareth
13100 Aix-en-Provence     Tel. (16) 42.26.18.08

Documentation Française
165, rue Garibaldi
69003 Lyon                Tel. (16) 78.63.32.23

Librairie Decitre
29, place Bellecour
69002 Lyon                Tel. (16) 72.40.54.54

Librairie Sauramps
Le Triangle
34967 Montpellier Cedex 2  Tel. (16) 67.58.85.15
Tekefax: (16) 67.58.27.36

A la Sorbonne Actual
23 rue de l'Hôtel des Postes
06000 Nice                Tel. (16) 93.13.77.75
Telefax: (16) 93.80.75.69

**GERMANY – ALLEMAGNE**
OECD Publications and Information Centre
August-Bebel-Allee 6
D-53175 Bonn              Tel. (0228) 959.120
Telefax: (0228) 959.12.17

**GREECE – GRÈCE**
Librairie Kauffmann
Mavrokordatou 9
106 78 Athens             Tel. (01) 32.55.321
Telefax: (01) 32.30.320

**HONG-KONG**
Swindon Book Co. Ltd.
Astoria Bldg. 3F
34 Ashley Road, Tsimshatsui
Kowloon, Hong Kong        Tel. 2376.2062
Telefax: 2376.0685

**HUNGARY – HONGRIE**
Euro Info Service
Margitsziget, Európa Ház
1138 Budapest             Tel. (1) 111.62.16
Telefax: (1) 111.60.61

**ICELAND – ISLANDE**
Mál Mog Menning
Laugavegi 18, Pósthólf 392
121 Reykjavik             Tel. (1) 552.4240
Telefax: (1) 562.3523

**INDIA – INDE**
Oxford Book and Stationery Co.
Scindia House
New Delhi 110001          Tel. (11) 331.5896/5308
Telefax: (11) 332.5993

17 Park Street
Calcutta 700016           Tel. 240832

**INDONESIA – INDONÉSIE**
Pdii-Lipi
P.O. Box 4298
Jakarta 12042             Tel. (21) 573.34.67
Telefax: (21) 573.34.67

**IRELAND – IRLANDE**
Government Supplies Agency
Publications Section
4/5 Harcourt Road
Dublin 2                  Tel. 661.31.11
Telefax: 475.27.60

**ISRAEL**
Praedicta
5 Shatner Street
P.O. Box 34030
Jerusalem 91430           Tel. (2) 52.84.90/1/2
Telefax: (2) 52.84.93

R.O.Y. International
P.O. Box 13056
Tel Aviv 61130            Tel. (3) 546 1423
Telefax: (3) 546 1442

Palestinian Authority/Middle East:
INDEX Information Services
P.O.B. 19502
Jerusalem                 Tel. (2) 27.12.19
Telefax: (2) 27.16.34

**ITALY – ITALIE**
Libreria Commissionaria Sansoni
Via Duca di Calabria 1/1
50125 Firenze             Tel. (055) 64.54.15
Telefax: (055) 64.12.57

Via Bartolini 29
20155 Milano              Tel. (02) 36.50.83

Editrice e Libreria Herder
Piazza Montecitorio 120
00186 Roma                Tel. 679.46.28
Telefax: 678.47.51

LES ÉDITIONS DE L'OCDE, 2 rue André-Pascal, 75775 PARIS CEDEX 16
IMPRIMÉ EN FRANCE
(24 95 05 2) ISBN 92-64-24684-3 n° 48390 1995